# 图书馆创客空间建设

王　蒙　王奕龙　著

国家图书馆出版社

**图书在版编目（CIP）数据**

图书馆创客空间建设/王蒙,王奕龙著. --北京:国家图书馆出版社,2019.5
（2020.12重印）

（图书馆业务指南丛书）

ISBN 978－7－5013－6690－3

Ⅰ.①图…　Ⅱ.①王…　②王…　Ⅲ.①图书馆服务—研究　Ⅳ.①G252

中国版本图书馆 CIP 数据核字（2019）第 043620 号

| 书　　名 | 图书馆创客空间建设 |
| --- | --- |
| 著　　者 | 王　蒙　王奕龙　著 |
| 选题策划 | 北京碧虚文化有限公司 |
| 责任编辑 | 高　爽 |
| 封面设计 | 程言工作室 |

| 出　　版 | 国家图书馆出版社（100034　北京市西城区文津街 7 号） |
| --- | --- |
|  | （原书目文献出版社　北京图书馆出版社） |
| 发　　行 | 010－66114536　66126153　66151313　66175620 |
|  | 66121706（传真）　66126156（门市部） |
| E-mail | nlcpress@nlc.cn（邮购） |
| Website | www.nlcpress.com ──→投稿中心 |
| 经　　销 | 新华书店 |
| 印　　装 | 河北鲁汇荣彩印刷有限公司 |
| 版　　次 | 2019 年 5 月第 1 版　2020 年 12 月第 2 次印刷 |

| 开　　本 | 710×1000　1/16 |
| --- | --- |
| 印　　张 | 12 |
| 字　　数 | 200 千字 |

| 书　　号 | ISBN 978－7－5013－6690－3 |
| --- | --- |
| 定　　价 | 55.00 元 |

# 序

进入 21 世纪以来，随着信息技术和互联网的发展，信息环境和用户信息行为、阅读习惯、学习方式的变化，图书馆不再是获取信息的唯一场所和手段，图书馆的生存面临严峻的考验，读者到馆率和文献利用率正在逐年下降。为应对危机，图书馆突破传统服务模式，掀起了基于空间变革的服务创新，从信息共享空间、学习共享空间，再到创客空间，从关注为用户提供方便、共享、协作的学习环境，关注用户的学习成果，激发他们的学习热情，到为他们提供制造、发明的创新空间，突破了图书馆只有"书"的局限，重新吸引了大众的目光。尤其是近几年为适应以"创新"为主题的世界发展趋势而进行的图书馆创客空间建设，更是受到业界内外的广泛关注。但创客空间在图书馆还是一个全新而未知的领域，图书馆创客服务还存在着来自文化、经营理念、空间、经费、馆员和活动组织等多方面的挑战。在图书馆创客空间发展伊始，总结已取得的经验和教训，吸收其他社会化创客空间的建设经验，探究其在图书馆领域的发展模式和发展趋势，对于图书馆事业的发展有着重要的现实意义。

本书在研究中力图尽可能地涵盖图书馆创客空间构建与运营的方方面面，也希望能够从其他主体(如企业、学校等)构建的创客空间的研究中吸取对图书馆创客空间建设有益的参考和借鉴。基于此，本书分绪论、国内外图书馆创客空间的研究现状、国内外典型创客空间的运营、图书馆创客空间构建、图书馆创客空间案例研究 5 个部分展开论述。

绪论部分即本书的研究背景，内容包括创客的历史文化基因、创客热潮中的标志性事件、创客运动风潮以及不同类型创客空间的发展现状，同时分析和总结了图书馆创客空间研究的意义。

第一章系统梳理了国内外图书馆创客空间的研究现状。总体来讲，我国图书馆创客空间建设刚刚开始，相关研究还处于理论探索阶段；国外研究更多的是通过案例研究解决创客空间发展中遇到的实际问题。

第二章研究国内外典型创客空间的运营，重点对国内和国外典型的公益性和商业化创客空间的资金来源、业务模式、设施和服务等进行梳理和总结,以便从中找出适合图书馆创客空间建设和可持续发展的参考要素。

第三章为图书馆创客空间构建,是本书研究的重点,内容包括图书馆创客空间的优势和面临的挑战、图书馆创客空间的构建原则、图书馆创客空间的构成要素、图书馆创客空间的构建与运营4个部分。

第四章为图书馆创客空间案例研究,其中选取了4个具有代表性的图书馆创客空间进行全面分析和介绍。

由于水平有限,不足之处在所难免,恳请读者朋友们批评指正。

王 蒙

2019 年 3 月 1 日

# 目　　录

# 绪　　论

## 一、创客的历史文化基因

"创客"一词来源于英文单词"Maker",指出于兴趣与爱好,努力把各种创意变为现实的人。在维基百科上,"Maker"被定义为一群酷爱科技、热衷实践的人,他们以分享技术、交流思想为乐。创客运动之父戴尔·多尔蒂(Dale Dougherty)认为,创客就是爱自己所做的事情,去探索、去发现、去创造、去创新,以"让生活变得更好"为核心,不断提升生活的质量①。20 世纪美国出现的车库文化、黑客文化、DIY 文化和硅谷文化,是创客形成并风靡全球的文化历史基因。

车库文化是美国文化重要的组成部分,其本质精神就是创造和创新,以及对未知世界的好奇和渴望。20 世纪初,汽车逐渐在美国得到普及。由于人力成本较高,很多人选择在自家车库里自行保养、维修和改装汽车。久而久之,车库里放置了各种工具和零件,成为男人们做修理、改装等工作的乐园。在车库里,除了维修和改造汽车,各类电器、仪器、手工制品以及一切人们想自行尝试制作的东西都能在这里完成,无论大人还是孩子都可以按自己的想法进行创作,甚至有人在车库里造船和飞机,还有一些年轻人在车库里创作和演奏音乐,流行于美国和加拿大的车库摇滚就是这样产生的。对于很多美国人来说,车库俨然成了他们的实验室和制造车间,也是他们体验 DIY 乐趣、迸发创意和实现梦想的舞台。事实上,一些世界著名的公司就诞生在车库:史蒂夫·乔布斯(Steve Jobs)和史蒂夫·沃兹尼亚克(Steve Gary Wozniak)在车库研发了第一台苹果电脑,比利·休利特(Bill Hewlett)和戴维·帕卡德(Dave Packard)在车库里创立了惠普公司,迪士尼在车库成立第一间工作室,等等。

黑客文化(Bell Lab)被认为推动计算机改变了整个世界。20 世纪 60 年代,美国

---

① 徐威龙,徐章宁. 创客天下——《Make》及 Maker Faire 创办人、O'Reilly Media 创始人 Dale Dougherty 专访[EB/DL]. [2017 – 10 – 12]. http://www. csdn. net/article/2014-04-11/2819253-The-World-Of-Maker?locationNum = 12&fps = 1.

麻省理工学院（Massachusetts Institute of Technology）贝尔实验室里致力于计算机科学研究的研究生们，经常通宵达旦地在实验室里操作机器，分析、研究程序和计算机系统，检测并修正软硬件的瑕疵。他们的工作需要不断地进出计算机系统，因此，这种共享程序源代码、纠错改进的工作被赋予了"hack"的名称，指"在技术上，某人聪明地找到了解决问题的方法"，而"hacker"就被用来指那些从事该工作的人。因此，黑客（Hacker）一词原指热心于计算机技术，水平高超，并乐于与他人分享专业技术和工作的电脑专家和程序设计人员。正如赫尔辛基大学（University of Helsinki）教授派卡·海曼（Pekka Himanen）在其所著的《黑客伦理与信息时代精神》中所言，"黑客代表一种充满激情和创造力的态度"。他们对计算机有着狂热的兴趣和执着的追求，不断地研究计算机和网络知识，发现系统和网络中存在的漏洞，并提出解决和修补漏洞的方法。他们竭尽所能，不断改进和完善计算机系统，"他们都奉行与计算机本身逻辑相一致的理念——共享、开放、分权，以及不惜一切代价亲自动手改进机器并改善整个世界"①。因此，从某种程度上说，黑客为计算机技术的发展做出了巨大的贡献。

DIY 的全称为"Do It Yourself"，译为"自己动手做""自己设计、自己制作"，其概念起源于 20 世纪 60 年代的西方，最早是用来指不依靠或聘请专业的工匠，自己亲手进行住宅的装修和修缮工作。在西方国家，相对于物料的成本，聘请人工所需要的费用更为昂贵，于是人们自行购买材料和工具，在闲暇时与家庭成员一起动手装修，不仅节约了开销，而且在装修的过程中体验了亲自动手的乐趣。渐渐地，DIY 有了更广泛的含义，被扩展到所有可以自己动手做的事物上，DIY 的目的也由一开始的节约费用演变成为对兴趣的培养和追求自身创意的自我实现②，凡事自己去做，自己体验，挑战自我，享受其中的快乐成为一些西方国家人们日常生活的一种习惯。DIY 崇尚个性，追求自由，通过自己动手满足自我的个性化需求，在制作过程中创意无限，灵感不断迸发，甚至成为一种流行的时尚，如设计 DIY、服装 DIY、食品 DIY、旅游 DIY 等。

硅谷文化被称为是美国式创新文化的代表。众所周知，从 20 世纪 60 年代开始，硅谷源源不断地孕育出了一个又一个闻名世界的高科技公司，如英特尔、思科、谷

---

① STEVEN L. 黑客：计算机革命的英雄[M]. 赵俐，等，译. 北京：机械工业出版社，2011：1.
② 刘沛. DIY 对手工精神的传承[D]. 昆明：云南大学艺术与设计学院，2013：4.

歌、甲骨文、雅虎等,在为美国带来巨大财富的同时,深刻地影响了人类社会的文明进程,硅谷的成功更成为世界各国发展科技事业争相效仿的对象,然而至今没有哪个国家的科技园区的发展能与硅谷相提并论。硅谷成功的秘诀究竟是什么? 2016年,曾在谷歌(Google)就职的前腾讯副总裁吴军出版了《硅谷之谜》一书,书中将硅谷成功的奥秘首先归结为叛逆精神,正是这种标新立异、摆脱旧有模式的求异思维导致一个个新公司的诞生,成就了硅谷的长期繁荣和不断发展。而硅谷在社会环境方面和企业文化方面对失败的宽容,使硅谷的公司愿意承担风险去尝试别人不敢设想的事情。失败是创新的常态,没有对失败的宽容,也就没有伟大的发明创造。硅谷的另外两个特质是多元文化和追求卓越、拒绝平庸,多元文化使得硅谷的创新从一开始就是面向全世界而不仅仅是美国,同时硅谷也在不断淘汰过时的人员,从全世界吸收新鲜血液,最终形成只有卓越才能生存的硅谷文化①。

**二、创客热潮中的标志性事件**

事实上,在互联网出现之前,创造、发明者大都单独行动,只能在小范围内分享其创意和发明成果,个性化的创意很难被更多的人知晓和认同;同时生产工具昂贵,凭借个人的力量难以将创新成果投入批量生产和实际应用。随着计算机技术的发展和互联网的出现,尤其是3D打印机等功能强大的桌面级数字制造工具的出现,创意和发明能够通过计算机在桌面上轻松实现,并通过互联网进行无国界的分享、传播和进一步改造。更重要的是,只要愿意,每个人都有可能成为发明和创造者,制造自己想要和感兴趣的东西并借由网络将其投入实际应用。21世纪初,在车库文化、黑客文化、DIY文化和硅谷文化与互联网文化的快速和深度融合中,那些热爱发明和创造的人很快被冠以"创客"的头衔而风靡全球。而在这期间,几个标志性的事件值得一提:

2005年,戴尔·多尔蒂(Dale Dougherty)创办《制造》(*Make*)杂志,希望能够通过刊发介绍有趣的、适合在家里进行的创意项目的文章激发人们去发明创造;2006年戴尔·多尔蒂(Dale Dougherty)在美国加利福尼亚州(California)圣马特奥县(San Mateo)举办了第一届适合全家人共同参加的创客嘉年华(Maker Faire),它的精神是

---

① 吴军. 硅谷之谜[M]. 北京:人民邮电出版社,2015:前言1.

让更多人乐于创造,把创客嘉年华打造成一个发明创造者和爱好者进行对话、展示创意、创新与创造的平台,让爱好者能够通过平台变成创造者。

2009 年,加拿大科幻小说家科利·多克托罗(Cory Doctorow)创作了科幻小说《创客》(Makers)。多克托罗充分肯定了创客的实践价值,小说中描述的那群"即便经济走向崩溃也要快乐地摆弄电脑硬件和软件以不断创新"的人就是创客。多克托罗在书中写道:"通用电气、通用磨坊以及通用汽车等大公司的时代已经终结。桌面上的钱就像小小的磷虾:无数的创业机会等待着有创意的聪明人去发现、去探索。"这本书为众多的创造、发明者提供了灵感①,很多人认为多克托罗在此书中首次将 Makers 与创意、发明、创业相关联,而并不仅仅是制造者。

2012 年,克里斯·安德森(Chris Anderson)出版了《创客:新工业革命》一书,该书很快受到全世界的追捧。安德森认为,创客运动是让数字世界真正颠覆现实世界的助推器,是一种具有划时代意义的新浪潮,将实现全民创造,掀起新一轮的工业革命,而每一个进行或参与创造的人都可以被称作"创客"。之所以如此,是因为互联网和计算机技术使得制造业本身正处于向数字化转变的过程中,实体物品已经成为屏幕上的种种设计,只要可以在电脑上完成,也就意味着人人可以参与。

如果说科利·多克托罗通过科幻小说赋予了创客(Makers)创新、创造的新含义,鼓舞了创客们的创造热情,那么正是戴尔·多尔蒂和克里斯·安德森的一"刊"一"书"启迪了普通大众对创客的理解和热望②,而计算机和互联网技术则使创客们的热情和愿望得以实现,尤其是 3D 打印机等功能强大的桌面级数字制造工具的出现,轻而易举地将创意变为现实,更将创客们的创造热情推向高潮。

### 三、席卷全球的创客运动风潮

开放、互助、共享是创客自我发明和制造过程中贯穿始终的理念,因而他们需要与传统社会发生各种各样的关系和碰撞。一方面,他们要将自己的发明和创意变成实用的产品,在体味创意快感的同时希望能更多地改变世界;另一方面,创客们希望

---

① 安德森.创客:新工业革命[M].萧萧,译.北京:中信出版社,2015:21.
② 丁大琴.创客及其文化历史基因探源[J].北京社会科学,2015(8):22-28.

与更多的人分享成果或借鉴经验,吸引更多的人加入他们的行列,产生更多的创意和新奇想法。而在社会生活领域,物品制造的方式发生了巨大的变化,人们通过功能强大、便于使用的数字工具在桌面上进行物品设计,再通过网络使其快速进入制作和生产过程,知识、资本和市场更易获得,创意即意味着创业。如今,随着越来越多的人加入创客的行列,在全球范围内,包括政府在内,为创客提供支持和服务的各种业态层出不穷,反过来进一步吸引了更多的人加入创客群体,如此循环往复,推动了整个社会经济的发展。这样的一种潮流就是创客运动(Maker Movement)。

2006年,戴尔·多尔蒂举办了第一届创客嘉年华后,创客嘉年华成为全球最大的DIY创客聚会,每年平均有20万人参加分别在旧金山湾区和纽约举行的创客嘉年华大会,在短短的两年间,其足迹就遍布全球,到2017年,已经发展了190多场迷你创客嘉年华和30多场大型创客嘉年华活动在全球各地举办①。

2012年,戴尔·多尔蒂受邀参观白宫,被奥巴马授予"变革之星"。同年,奥巴马政府宣布开展一项新的政府项目,计划未来4年内在美国1000所学校引入配备3D打印机和激光切割机等桌面级数字制造工具的创客空间,鼓励美国青年的创客实践。同时,奥巴马在2012年签署了《促进创业企业融资法》和《就业法案》,为大众创新和创意发明提供资金支持。2013年美国国情咨文中,奥巴马将广泛采用3D打印等"增材制造"技术的创客运动形容为"制造业添加剂",指出创客运动是"运用科学与创新'打印'未来",并认为它是"将制造业就业机会从海外带回美国本土,重塑美国全球竞争力的良方"②。

2014年6月18日,美国举办首届白宫创客大会,并将每年的6月18日定为"美国国家创客日"。会议期间,奥巴马总统宣布政府及其合作伙伴将采取新的措施,以支持更多美国人(包括老年人)获得新的工具和技术,增强他们把自己的创意带到生活中的能力,为更多公民提供将创意转变为创新产品的渠道。这些措施包括支持由创客创立的初创企业及新型雇佣关系,超过13个政府机构以及埃蒂(Etsy)、敲门砖

---

① Maker Faire. About maker faire[EB/OL].[2017-10-16]. https://makerfaire.com/makerfairehistory/.
② 祝智庭,雒亮.从创客运动到创客教育:培植众创文化[J].电化教育研究,2015(7):5-13.

(Kickstarter)、印第安戈戈(Indiegogo)、洛克汽车公司(Local Motors)等企业向创客提供一系列的支持服务;大幅提高学校创客空间的数量,为学校提供软件和硬件支持;地方政府和社区采取措施为创业者提供更多的就业机会,通过学校、图书馆、博物馆、社区组织等扩大创客空间的到访人数,让更多人接受创客教育;呼吁各类基金会和慈善组织为创客提供捐款①。

2009 年 1 月,英国成立了非营利性组织英国创客空间基金会(UK Hackspace Foundation),资助英国新创客空间的建立和已有创客空间的发展。同年,英国国际生命中心开始每年主办一次英国创客嘉年华(Make Faire UK)。2017 年英国创客嘉年华(Make Faire UK)已发展成为超过 300 家创客、逾万名参观者参加的全球性盛会。作为英国最大的支持创新发展的非政府组织,英国国家科技艺术基金会(National Endowment for Science,Technology and the Arts,简称 NESTA)于 2012 年 11 月底与莫扎拉基金会(Mozilla Foundation)、O2 哥特大公司(O2 Think Big)等合作创立"数字创客基金",为创意项目提供资助,极大地增加了参与数字化制造的年轻人数量②。2014 年 11 月,NESTA 发起英国创客空间开放数据集(Open Dataset of UK Makerspaces)调研计划,旨在更好地了解英国创客空间之间的差异、利用情况、组织模式以及可持续发展问题,为研究者、创客空间组织和管理者、政府创新与技术部门等机构提供有用的参考信息③。

2006 年,中国第一个开源硬件阿尔杜诺(Arduino)供应商火烈鸟 EDA(Flamingo EDA)诞生;2008 年,全球五大开源硬件供应商中的矽递科技有限公司(SeeedStudio)和智位机器人股份有限公司(DFRobot)分别在深圳和上海创立;2010 年底,北京、上海和深圳的开源硬件社区陆续建立创客空间;2011 年,北京创客空间发起人之一张浩在邮件中首次将"Maker"翻译成"创客"。2011 年 10 月,首届中国开源硬件大会上,各地创客提议举办创客嘉年华;2012 年 4 月,首届创客嘉年华在北京中华世纪坛

---

① The White House Office of the Press Secretar. Announcing the First White House Maker Faire [EB/OL]. [2017 - 10 - 16]. https://obamawhitehouse. archives. gov/blog/2014/02/03/announcing-first-white-house-maker-faire.

② NESTA. Digital makers fund:we've launched! [EB/OL]. [2017 - 10 - 16]. http://www. nesta. org. uk/blog/digital-makers-fund-weve-launched.

③ NESTA. An open dataset for UK makerspaces[EB/OL]. [2017 - 10 - 16]. http://www. nesta. org. uk/blog/open-dataset-uk-makerspaces.

数字博物馆成功举办。2012 年 12 月,克里斯·安德森的《创客:新工业革命》中文版在我国出版,引起国内大众及相关专家对创客的关注与研究。2014 年 9 月,李克强总理在夏季达沃斯论坛致开幕词时,提出要掀起"大众创业""草根创业"的新浪潮,形成"人人创新、万众创新"的新局面。

2015 年,是中国创客运动发展最为重要的一年。2015 年 1 月 4 日,李克强总理考察深圳"柴火创客空间",体验各位年轻"创客"的创意产品,称赞他们充分对接市场需求,创客创意无限。2015 年 3 月,为加快发展众创空间等新型创业服务平台,营造良好的创新创业生态环境,激发亿万群众创造活力,国务院办公厅印发《关于发展众创空间推进大众创新创业的指导意见》;2015 年 6 月,国务院又出台《关于大力推进大众创业万众创新若干政策措施的意见》,指出推进大众创业、万众创新,是发展的动力之源,也是富民之道、公平之计、强国之策。

2015 年 6 月 18 日,深圳市举办首届国际创客周,期间总计开展 45 场活动,国内外参观者达 26 万人次。同年,深圳市推出《关于促进创客发展的若干措施》和《促进创客发展三年行动计划(2015—2017 年)》,计划每年新增 50 个创客空间、10 个创客服务平台,到 2017 年底,深圳市创客空间数量达到 200 个,创客服务平台数量达到 50 个①。

2015 年 11 月,通过多轮严格的申报和选拔,北京歌华设计有限公司正式取得美国主办方《制造》杂志授权,与其建立长期合作,成为创客嘉年华在中国的战略合作伙伴。首届北京迷你创客嘉年华(Beijing Mini Maker Faire)在中华世纪坛精彩亮相。同年,《新京报》启动大型创业报道评选活动"寻找中国创客",报名创业项目超过 5000 多个。2015、2016 年两次活动中,《新京报》投入 350 多个版面,报道近 500 个创业项目,连续两年评选年度中国创客和年度新锐创投机构,并在乌镇世界互联网大会期间举办颁奖盛典②。2016 年 12 月,由成都市政府主办、菁蓉汇·成华创客嘉年华在成都开幕,活动包含创意集市、自造论坛、工作坊、创客表演四大内容,邀请了来

① 深圳市人民政府.深圳市人民政府关于印发促进创客发展三年行动计划(2015—2017 年)的通知[EB/OL].[2017-10-16].http://www.szsti.gov.cn/info/policy/sz/105.
② 寻找中国创客.关于我们[EB/OL].[2017-10-16].http://www.xjbmaker.com/page/about.

自美国、加拿大、日本等全球各地的创客带来有趣的创意和作品①。2017 年 7 月,创客嘉年华登陆西安。

在我国,相关政策的出台和大型创客活动的相继举办,激发了大众的创新热情,创客也从小众的创新群体进入了大众视线,各地兴起创办创客空间、开展创客教育的热潮。

### 四、创客运动的载体——创客空间

创客是创客运动的实践主体。作为创客运动的载体和存在基础,创客空间被看作是人们能够聚在一起分享知识、共同工作来创造新事物的实验室。创客空间有别于人们在家里独自进行制作的私人空间如车库,而是一个崇尚开放与共享、供志同道合的爱好者聚在一起进行创意发明的工作空间。创客空间的产生要追溯到 20 世纪在德国出现的黑客空间(Hackerspace)。1981 年,一个非正式的本地黑客俱乐部——"混沌计算机俱乐部"(Chaos Computer Club,CCC)在德国汉堡成立,并定期举行黑客聚会,很快 CCC 就以揭露重大的技术安全漏洞而闻名于世。2007 年,包括佩·蒂斯(Bre Pettis)、尼克·法尔(Nick Farr)和米奇·奥特曼(Mitch Altman)在内的一群北美黑客参加了 CCC 每 4 年举办一次的混沌通讯夏令营(Chaos Communication Camp),并参观了德国和奥地利的黑客空间,希望把德国黑客空间的思想带回美国。这些北美黑客回到美国后纷纷创办了自己的黑客空间,典型的如佩·蒂斯于2008 年 2 月在纽约创建的营利性黑客空间纽约电阻器(NYC Resistor)、同年 3 月尼克·法尔(Nick Farr)在美国华盛顿特区成立的非营利黑客空间华盛顿黑客空间(Hackerspace in Washington,D. C.,简称 HacDC);同年 9 月,被称为"创客教父"的米奇·奥特曼(Mitch Altman)租借了一个场地,成立了噪音桥(Noisebridge)创客空间。随着创客运动的兴起,这些以计算机技术为主的黑客空间迅速把兴趣扩展到电子电路设计、生产加工、物理样机制作等领域,推动了创客空间的产生和发展②。例如,诞生于纽约电阻器(NYC Resistor)的马克波特公司(MakerBot)推出的 3D 打印机马克

---

① 贾宜超. 成都"菁蓉汇成华 Maker Faire"举行[EB/OL]. [2017 - 10 - 16]. http://w. huanqiu. com/mib/r/MV8wXzk3NjQlOThfOTBfMTQ4MDY2NjE3OA = = ?s = mip.

② CAVALCANTI G. 這是 Hackerspace、Makerspace、TechShop,還是 FabLab?[EB/OL]. [2017 - 10 - 17]. http://www. makezine. com. tw/make2599131456/hackerspacemakerspacetechshopfablab.

波特复制器 2(Makerbot Replicator 2),被《时代周刊》评为 2012 年最佳发明之一,至今还在不断影响并改变着 3D 打印工业。

2009 年,全球的创客空间数量从 2008 年的 200 多个急剧增长到 500 多个,截至 2017 年 10 月 16 日,在黑客空间维基页面上注册的各国创客空间总数为 2204 家,主要分布在欧美等发达国家,其中活跃的创客空间有 1364 家,350 家正处在筹备阶段①,而实际数量远远不止这个数字。2010 年,上海新车间成为我国第一家创客空间。由上海财经大学创业学院领衔研发,上海高校创新创业教育联盟协同完成的《2016 众创空间发展报告》显示,受政策推动,我国创客空间发展迈入新阶段。截至 2016 年 9 月,全国共有创客空间 3155 家,其中科技部认定的国家级众创空间数量就达 1337 家②。

从形式上来看,有专为创客"发烧友"服务的配备有 3D 打印、激光切割、数控机床等桌面数字工具和新型生产设备以及工位的单纯的发明创造空间,也有同时为创业者提供工作空间、网络空间、社交空间和资源共享空间的具有孵化性质的创客空间。根据不同的运营主体,创客空间形成了企业、私人、学校和图书馆以及其他机构建设与运营并存的局面。

1. 个人或企业运营的创客空间

事实上,很多著名的创客空间都是由个人创办,之后以会员制的方式维持运营,部分会得到政府的相关资助。这些创办者往往是创意和发明爱好者,他们本身就具有某一方面的创新能力,基于强烈的个人爱好而开设创客空间。如美国波士顿的创客空间工匠之家(Artisan's Asylum)的创始人圭·卡瓦尔坎蒂(Gui Cavalcanti)就是一位热衷大型机器人制造的创客,他在 2010 年建设工匠之家时只是源于自己想完成一个机器人的想法,最终却发展成为会员数量达到几百人的美国东部地区最大的创客空间。而著名的噪音桥则是由"创客教父"米奇·奥特曼在考察完德国的黑客空间后创建,类似的还有纽约电阻器、华盛顿黑客空间以及德国著名的混沌计算机俱乐部等。个人运营的创客空间多以兴趣爱好为主,是由一个或若干具有共同兴趣和爱

---

① Hacker Spaces. List of hacker spaces[EB/OL]. [2017 − 10 − 16]. https://wiki. hackerspaces. org/List_of_Hackerspaces.

② 刘志阳. 优化创新创业生态环境——全国众创空间发展状况调查报告[EB/OL]. [2017 − 10 − 17]. http://www. bjqx. org. cn/qxweb/n278137c796. aspx.

好的人共同发起成立。也有一些个人创办的创客空间最后以公司的形式运营,典型的如创客工坊(TechShop),由吉姆·尼尔顿(Jim Nlewton)和里奇·麦琪(Ridge McGhee)于2006年10月1日在美国硅谷创立,现在已发展成为一个连锁的商业机构,在全美各地设立分店,通过会员费和收费课程营利。近几年我国出现的大批由企业投资建设的具有孵化功能的众创空间本质上也是由企业运营的创客空间,如优客工场、北京银行中关村小巨人创客中心、369云工厂等。以优客工场为例,它是由多个投资机构共同投资、国内多位知名企业家联合创立的。

2. 学校运营的创客空间

随着创客运动的兴起,教育者也意识到,创客空间能够为教育实践提供新的环境,有助于学生创新意识、创新能力和动手实践能力的培养,是进行创新创业教育的良好途径。在政府相关政策的支持下,各国大学、中学甚至小学纷纷通过对校内外空间、资源的整合而投入到校园创客空间的建设中来。在高等教育领域,欧美发达国家很多大学都建立了带有企业孵化功能的创客空间,为学生创新、创业提供丰富的实体空间和真实的运行环境,促进大学生创新创业能力的发展。例如,美国麻省理工学院微观装配实验室(Fabrication Laboratory,简称 Fab Lab),是一个拥有几乎可以制造任何产品和工具的小型工厂,旨在提供完成低成本制造实验所需的环境。Fab Lab 将自己的理念向全球扩展,截至2016年10月,已在全球建立713家[1]具有相同理念的实验室。2014年11月,Fab Lab 落户上海格致中学,2015年2月,中山大学新华学院科技应用与创新中心的创新实验室成为国际 Fab Lab 成员。2015年10月15日,面积16 500平方米的清华大学 i. Center 创客空间投入使用,成为全球最大的校园创客空间[2]。

3. 图书馆运营的创客空间

进入21世纪以来,随着计算机和信息技术的飞速发展,图书馆的传统服务已不能满足读者日益多样化的信息需求,各国图书馆纷纷在馆内空间再造和服务类型上寻求创新和发展,创客空间倡导的创新、共享、开放以及面向草根的精神受到图书馆

---

① Wikipedia. Fab Lab[EB/OL]. [2017 - 10 - 17]. https://en. wikipedia. org/wiki/Fab_lab#cite_note-7.

② 张航. 全球最大校园创客空间投入使用[EB/OL]. [2017 - 10 - 17]. http://www. tsinghua. edu. cn/publish/thunews/9650/2015/20151016152530009756368/20151016152530009756368_. html.

青睐。图书馆的创客空间一般为图书馆在原有空间上进行改造或与其他机构合建而成,配备有桌面制造工具,并定期举行创客活动;资金除图书馆自筹外,政府资助、与社会力量合作建设也是其资金的重要来源;在服务上除提供创客空间的基本服务项目外,图书馆也在试图做出一些改变来适应其用户的需求。与其他创客空间不同的是,用户在图书馆创客空间里还可以享受图书馆独有的文献信息服务。此外,由于服务对象的不同,不同类型的图书馆提供的创客空间服务内容也不同。比较典型的图书馆创客空间如美国的费耶特维尔公共图书馆(Fayetteville Free Library)、维斯特港公共图书馆(Westport Public Library)、克利夫兰公共图书馆(Cleveland Public Library),我国清华大学图书馆、武汉大学图书馆、上海图书馆、台湾交通大学图书馆的创客空间等。

**五、图书馆创客空间研究的意义**

随着信息技术和互联网的发展,信息环境和用户信息行为、阅读习惯、学习方式的变化,图书馆不再是获取信息的唯一场所和手段,读者到馆率和文献利用率逐年下降,图书馆的生存面临严峻的考验。2011 年 1 月 2 日,《美国高等教育纪元报》上一篇名为《2050 年学术图书馆遗体解剖》的文章甚至预言,到 2050 年纸本馆藏将完全消失,信息素养将成为普通教育的一部分,参考服务也将被搜索引擎和社交网络工具所取代,图书馆将无事可做而走向消亡①。如此严峻的局面迫使图书馆不断地探索新的服务模式,重新开始思考自己在读者学习、工作甚至创业过程中的角色,积极改进其空间、设施、资源及组织结构,以适应数字时代用户需求的不断变化。

近十年以来,图书馆基于空间变革的服务模式从信息共享空间、学习共享空间到现在的创客空间,从关注为用户提供方便、共享、协作的学习环境,到关注用户的学习成果,激发他们的学习热情,为他们提供制造、研发的空间,突破了图书馆只有"书"的局限,重新吸引了大众的目光。应该说,提供创客空间服务是图书馆突破传统模式进行的一次全新变革,是现代图书馆在应对时代变革而做出的适应社会发

① SULLIVAN B T. Academic library autopsy report, 2050 [J/OL]. [2017 - 10 - 30]. http://chronicle.com/article/Academic-Library-Autopsy/125767/.

展,尤其是适应当前以"创新"为主题的世界发展趋势的有益尝试。然而,目前图书馆创客空间虽然受到了广泛关注,但创客空间在图书馆还是一个全新而未知的领域,图书馆创客服务还存在着来自文化、经营理念、空间、经费、馆员和活动组织等多方面的挑战①。在图书馆创客空间发展伊始,总结已取得的经验和教训,吸收其他社会化创客空间的建设经验,探究其在图书馆领域的发展模式和发展趋势,对于图书馆事业的发展有着重要的现实意义,主要表现在以下几个方面:

1)深入了解创客空间的文化本质,对图书馆创客空间的规划、建设、运营大有裨益。了解创客空间产生的历史渊源和文化内涵,有助于图书馆为创客空间服务提供正确的指导思想。建设图书馆创客空间,不是简单的模仿,设置一个场地,提供一些工具,而是要根据图书馆所在地区的情况、服务对象的特点同时进行创新文化氛围的营造。而良好的文化氛围有助于创客空间的持续发展和服务范围的进一步拓展。

2)通过研究国内外创客空间的建设过程、运营和服务模式,总结其成功的经验和失败的教训,有助于从中找出适合图书馆创客空间发展的策略、实施和管理模式,从而推动图书馆创客空间健康发展。图书馆创客空间是图书馆在寻求空间和服务变革中借鉴企业、个人和其他机构构建的创客空间的结果,不仅要借鉴其外在的形态、构建的方法、运营的模式,还要更深入地研究其服务的内容、成功的原因,将其中有益的因素应用于图书馆创客空间建设和服务中。

3)图书馆创客空间的服务内容和服务模式,目前还处于探索阶段,究竟哪些内容和模式更适合图书馆创客空间,或适合特定地区和范围的图书馆创客空间,还需要进一步对各类创客空间开展研究和实践。例如,众创空间是创客空间在我国本土化的产物,是具有孵化功能的创客空间,研究借鉴众创空间的创业服务模式,有助于充实和激活图书馆创客空间的组成要素,丰富图书馆创客空间的内涵,加强图书馆与企业界的有效联系与协同,为"大众创业、万众创新"背景下图书馆创客空间的建设提供新的思路。

4)研究和分析国内外图书馆创客空间运营的各类案例,借鉴优秀的案例中较为成熟的经验与做法,有助于发现图书馆创客空间建设和服务中存在的问题,探究其

---

① 张久珍,钱欣,王明朕,等.图书馆创客服务——中外专家对谈实录[J].图书馆建设,2017(2):5-9.

解决的方法；从宏观层面总结不同国情下图书馆创客空间所面临的政策、环境、技术、文化等方面的挑战，有助于新的图书馆创客空间建设时能够做到未雨绸缪，提前发现问题，在建设中少走弯路，将已有的、适合自身情况的经验和模式采取拿来主义，缩短向读者提供成熟服务的时间。

5）系统总结和梳理图书馆创客空间的特点和构建原则，从微观层面研究图书馆创客空间的组成要素、空间布局，了解适用于图书馆创客空间的制造工具及其技术的发展变化，有助于图书馆做好创客空间的物理布局以及设施配备、技术和人员准备，同时发现硬件配备和图书馆资源及软件设施的联系，将图书馆特有的信息资源的不同载体形式嵌入创客服务，构建具有图书馆特点的"软硬兼施"的创新创意空间。

### 六、本书的研究内容

图书馆创客空间的构建涉及诸多因素，如资金、空间、工具、人员以及图书馆管理人员的理念和对创客文化的理解。本书在研究中力图涵盖图书馆创客空间构建与运营的方方面面，也希望能够从社会化创客空间的研究中吸取对图书馆创客空间有益的参考和借鉴。基于此，本书的研究范围如下：

绪论部分即本书的研究背景，内容包括创客的历史文化基因、创客热潮中的标志性事件、创客运动风潮以及不同类型创客空间的发展现状，同时分析和总结了图书馆创客空间研究的意义。

第一章就国内外图书馆创客空间的研究现状进行了梳理。国内学者对图书馆创客空间的研究主要包括图书馆创客空间的价值和意义、图书馆创客空间的构建、国外图书馆创客空间典型案例研究、国内图书馆创客空间实践研究、移动创客空间研究等等。总体来讲，由于我国图书馆创客空间建设刚刚开始，相关研究还处于理论探索阶段，基于实践的案例研究主要集中在以美国为主的欧美发达国家图书馆，国内的案例研究相对较少，因而基于我国图书馆创客空间建设实践的指导性理论相对缺乏。与国内图书馆创客空间的研究相比，国外学者更多地是通过案例研究解决创客空间发展中遇到的实际问题，同时较为关注创客空间的实际效益，即给用户带来的影响和作用，以及创客空间的长远发展和可持续发展问题。

第二章研究国内外典型创客空间的运营。图书馆创客空间是图书馆在馆内空间再造和服务创新中,学习和借鉴其他主体建设的创客空间而形成的。因此,研究图书馆创客空间,就需要全面了解和研究由其他主体建设的各类社会化创客空间。本书重点对国内和国外典型的公益性和商业化创客空间的资金来源、业务模式、设施和服务等进行梳理和总结,以便从中找出适合图书馆创客空间建设和可持续发展的参考要素。

第三章研究图书馆创客空间的构建,这是本书研究的重点,主要包括以下几部分内容:

一是图书馆创客空间的优势和面临的挑战。受图书馆性质、服务对象、服务宗旨、社会职能等的影响,图书馆创客空间与社会化的创客空间相比,在建设、运营和服务方面都有其自身的特点,存在着一定的优势,但创客空间作为图书馆创新服务模式的尝试,同时也面临着巨大的挑战。

二是图书馆创客空间的构建原则。原则是行事所依据的准则。作为公益机构的图书馆,创客空间的构建与运营不能违背其公益性准则;而作为与图书馆传统服务完全不同的创客空间服务,又有其自身的特殊性。因此,图书馆创客空间的构建必须要遵循一定的原则。

三是图书馆创客空间的构成要素。图书馆创客空间的构成要素包括空间、工具、人员以及文献资源。这部分以图文并茂的形式,给出了图书馆创客空间相关要素的详细描述,力图为初次构建创客空间的图书馆提供硬件设施、工具设备和人员构成及相关文献资源建设的参考和指南。

四是图书馆创客空间的构建与运营。本部分从环境扫描、用户需求调查、拟定建设方案、空间管理和空间运营4个方面,结合大量国内外案例,勾画出图书馆创客空间从筹备、构建到运营的路线图,并对每个环节进行了详细描述。

第四章是图书馆创客空间案例研究。在本书的最后,选取了4个具有代表性的图书馆创客空间进行全面分析和介绍,这4个创客空间各有特点,相信对希望构建或已经构建创客空间的图书馆都具有很大的借鉴意义。

# 第一章 国内外图书馆创客空间的研究现状

## 第一节 国内图书馆创客空间的研究现状

### 一、文献数量及时间分布

2013 年,国外图书馆创客空间的建设开始引起我国学者的关注,出现了研究国外图书馆创客空间建设的论文,此后,随着国内图书馆创客空间的实践不断增多,学界对创客空间的研究也逐渐升温。在中国知网全文数据库(CNKI)中输入检索词"创客空间""众创空间",将学科范围限定在"图书情报与数字图书馆",进行精确检索,共检索到文献 360 篇[①],剔除相关度较小的文献,实际有效文献为 322 篇,其中 2013 年 5 篇、2014 年 19 篇、2015 年后文献数量开始大幅增加(表 1 - 1)。

表 1 - 1 年度载文量统计

| 年份 | 2013 | 2014 | 2015 | 2016 | 2017 |
|------|------|------|------|------|------|
| 文献数量(篇) | 5 | 19 | 55 | 129 | 114 |

注:2017 年的文献数量截止日期是 2017 年 10 月 19 日。

### 二、研究的主要问题及其观点

1. 图书馆创客空间的价值和意义

多数学者认为在当下图书馆正面临挑战与机遇并存、新旧模式交汇的复杂环境中,创客空间为图书馆的转型发展与服务创新提供了契机和活力,并从多个角度阐释了图书馆创客空间的价值和意义所在。王晔(2014)认为图书馆创客空间的价值

---

① 本次检索时间为 2017 年 10 月 19 日。

首先体现了现代图书馆发展的思维创新——社会思维,即把图书馆的发展自觉地融入社会发展的人本化及学习化进程之中;其次是体现了现代图书馆发展的价值取向——关注民生,人的发展需求和发展状态成为图书馆关注的焦点;三是体现了现代图书馆发展的文化视角——平民学习,是对平民文化的认同、尊重、继承和弘扬[①]。李燕波(2015)认为,创客空间作为图书馆服务的新内容,既完善了已有的服务体系,又提升了整体的服务品质,同时也扩大了图书馆作为社区信息中心的影响力和辐射力,对扶持创意产业发展也有推动作用,此外还能满足教育的多元需求,提升学生的创新能力[②]。刘丽敏、王晴(2016)则认为,在学术研究语境下,创客空间与图书馆具有战略相关性:首先,创客空间代表着图书馆空间使用的独特方式,而图书馆空间评估与改造一直被公认为是当前图书馆界一个重要的战略问题;其次,图书馆在数据管理中的作用增强,创客空间能够为数据管理与其他服务和资源的一体化整合提供现实平台;再次,图书馆有能力嵌入研究过程并在不同阶段提供支撑服务,为特定研究领域提供补充性的技巧和知识[③]。

2. 图书馆创客空间构建

我国学者对图书馆创客空间构建的研究主要涉及理念与原则、空间规划与设计、运营和服务模式以及国外图书馆创客空间典型案例等几个方面。

(1)创客空间的建设理念与原则:黄晓军(2016)认为,创客空间的构建指导理念不但决定了创客空间的价值定位及服务对象、内容与方式,也决定了其与内外部相关机构的协作协调、效益产出等问题。因此,图书馆在创客空间设计中须将空间面对的用户群体、实现的预期价值、所协助提供的服务内容等进行体系化的设计,实现图书馆服务理念与创客空间理念的无缝对接[④]。史雅莉(2017)认为创客空间的构建及运行应遵循"以人为本"的理念,包括两层含义,即创客空间的构建应明确用户信息需求,以满足师生学习、科研需求为导向;创客空间的建设还应重视馆员的能动作

① 王晔. 从 UnLibrary 项目与创客空间建设看图书馆的转型与超越[J]. 图书情报工作,2014(4):24-28.

② 李燕波. 论图书馆创客空间的经营模式及发展策略[J]. 图书馆建设,2015(2):69-72.

③ 刘丽敏,王晴. 国外图书馆创客空间研究及实践进展[J]. 图书馆论坛,2016(7):115-123.

④ 黄晓军. 图书馆创客空间成功构建的关键因素分析[J]. 图书与情报,2016(2):62-65.

用,激励馆员参与决策,在图书馆创客空间资源组织、平台搭建、宣传推广、服务推送过程中发挥生力军作用①。曹芬芳、刘坤锋(2017)提出高校图书馆创客空间构建的实用性原则,即:定位精准,因校制宜;明确需求,扬长避短;开源共享,促进交流;注重细节,保障安全②。王明朕、张久珍(2016)通过分析国外典型的图书馆创客空间案例,认为图书馆建设创客空间应遵循公益、平等、量力而行和创新教育的原则③。罗博、吴钢(2014)则认为图书馆创客空间实施的指导原则应是创新性、跨素养、关联性和开放性。

(2)空间规划与设计:曹芬芳、刘坤锋(2017)将高校图书馆创客空间的空间构建分为物理空间、虚拟空间两大类,其中物理空间构建又分为固定式物理空间构建和移动式物理空间(图书馆移动创客空间)构建。根据创客空间用户"学与做"的不同学习目的,固定式物理空间又可分为私人学习区域、私人制作区域、公共教学区域、公共制作区域和产品展示与休息区域。而移动式物理空间可将其视为实体创客空间的辅助工具或小型移动类创客空间;而对于虚拟空间,则认为除了拥有数字图书馆、参考咨询等传统功能外,还应包括门户网站建设、虚拟社区建设、社交媒体的应用等④。戴文静、孙建辉(2017)以用户需求为角度,构建了基于创客空间的虚拟平台、实体空间和工作支持为主体的高校图书馆创客空间模型⑤。马骏(2015)以美国克利夫兰图书馆的创客空间构建为例,提出空间设计应以用户为中心,设计出布局合理紧凑、功能分区明确、灵活多变的复合型空间,以方便为用户提供"一站式"服务。设计中应处处体现对用户的关怀和尊重,使内部环境、特色服务与艺术装饰形成和谐的统一体,营造出具有浓郁文化氛围与自由创造精神的图书馆内部空间⑥。刘丽敏、王晴(2016)认为创客空间设计是一项系统性的工程,必须深度结合图书馆的资源配置、馆舍结构及可承受度进行统筹规划;在选址方面,一般选择较为空旷、

---

① 史雅莉.信息生态理论视角下高校图书馆创客空间构建研究[J].现代情报,2017(7):30-34.

②④ 曹芬芳,刘坤锋.高校图书馆创客空间构建研究[J].图书馆建设,2017(6):18-23.

③ 王明朕,张久珍.国外图书馆创客空间运营服务策略研究[J].图书馆建设,2016(7):39-45.

⑤ 戴文静,孙建辉.面向对象的高校图书馆创客空间虚拟平台的搭建[J].现代情报,2017(3):83-89.

⑥ 马骏.高校图书馆创客空间构建艺术研究[J].图书馆理论与实践,2015(8):68-71.

便于进出和扩展的自由/闲置空间为嵌入对象。在空间设计过程中,噪音、气味、场景布置、电源插座以及安全防护等因素也都应当被考虑在内①。

（3）创客空间构建的影响因素:陶蕾(2013)认为,图书馆成功构建创客空间必须具备的最基本资源包括基础工具、入门项目、成功经验、充足资金和创客目录,而噪声的承受能力、创新项目的性质、软硬件的配置、空间的属性和秩序则会影响图书馆构建创客空间的主观意愿②。王晴(2014)基于美国图书馆界实践案例的考察后认为,创客空间的运行和发展受多方面因素的共同影响,诸如设备与工具的采购及使用、安全与责任的教育及监督、成本与费用的预算及控制、工场与导师的引入及管理、外联与伙伴关系的建立及维护等③。尤越、贾苹(2015)认为图书馆建设创客空间的影响因素包括资源设备(资金、空间、设备)、服务团队、服务设计、外在环境因素和合作机制等④。曹芬芳、刘坤锋(2017)认为要保证创客空间的可持续发展,应全面考察创客空间构建的影响因素,这些因素包括开辟新空间还是改造旧有空间,噪音对图书馆环境的影响,用户是否应缴纳部分稀缺性材料的费用,高校图书馆创客空间是否对社会开放以及移动式创客空间的建设标准、规划、形式和服务等⑤。

（4）创客空间的运营及服务模式:王晴(2014)介绍了采用协同工作型、集中开发型和自主创业型三种模式运营的美国图书馆创客空间典型案例,认为公共图书馆和学术图书馆应依据自身特点,采用不同运行模式建设创客空间⑥。李杉杉(2015)根据创客创新过程不同阶段的服务需求,构建了内部力量(创客馆员 + 学科馆员 + 企业馆员 + 技术馆员) + 外部力量(大众创客 + 学科专家 + 企业与社会团体 + 技术专家)的协同创新型嵌入式创客服务模式⑦。黎晓(2016)基于网络和文献调研分析了目前我国高校图书馆创客空间模式,将其归纳为头脑风暴型、活动实践型、创业创新

① 刘丽敏,王晴. 国外图书馆创客空间研究及实践进[J]. 图书馆论坛,2016(7):115 – 123.

② 陶蕾. 图书馆创客空间建设研究[DB/OL]. [2017 – 11 – 06]. http://www. chinalibs. cn/ArticleInfo. aspx?id = 355684.

③⑥ 王晴. 图书馆创客空间的运行模式及影响因素研究——基于美国图书馆界实践案例的考察[J]. 国家图书馆学刊,2014(5):66 – 73.

④ 尤越,贾苹. 图书馆创客空间发展实践研究及建议[J]. 图书馆杂志,2015(5):95 – 101.

⑤ 曹芬芳,刘坤锋. 高校图书馆创客空间构建研究[J]. 图书馆建设,2017(6):18 – 23.

⑦ 李杉杉. 服务"创客"群体的图书馆协同创新型嵌入式服务模式研究[J]. 图书情报工作,2015(13):63 – 67,95.

型 3 种类型①。杨绎、金奇文(2017)在上海图书馆实践中发现创客的目标大致可分为创意和创业两种类型,根据两种类型的不同需求,将公共图书馆创客空间大致分为激发创意的辅助型创客空间(CA 型)、激发创意的独立型创客空间(CI 型)、助推创业的辅助型创客空间(SA 型)以及助推创业的独立型创客空间(SI 型),并对每种类型的空间改造、资源重构、服务转型等方面的要求进行了阐述②。

3. 国外图书馆创客空间典型案例的研究

由于北美黑客很早就将德国黑客空间的理念带回美国,美国各类创客空间包括图书馆创客空间建设得也较早,有较多成熟的经验与做法。因此,我国学者的案例研究多集中在对美国不同类型图书馆创客空间的介绍和分析方面,以期对我国图书馆创客空间的建设提供借鉴和参考。王敏、徐宽(2013)在对创客空间的基本理念和价值进行分析的基础上,介绍了美国图书馆开展创客空间服务的现状,并针对我国图书馆创客空间建设提出建议,包括通过开办创客文化展宣传创客文化、建立在线平台鼓励创客交流,动员社会各界力量保障创客空间正常运行等③。冯继强等(2014)分析了美国图书馆创客空间实践正在经历的图书馆创客空间雏形、数字化媒体实验室、3D 打印"制造空间"和混合型创客空间 4 种形态,并对每一种形态的典型案例进行了分析,认为我国公共图书馆应借鉴上述发展经验,审时度势、合理规划图书馆空间,以拓展创新型服务项目④。樊露露(2015)介绍了美国克利夫兰图书馆(Cleveland Public Library)创客空间的规划策略、建设过程、服务内容、服务评价,并从保障机制、创客文化、服务策略和人员培训 4 个方面总结了克利夫兰图书馆创客空间的成功经验⑤。张亚君(2015)研究了美国新泽西州图书馆对同行创客空间建设的资助,在此基础上,分别从图书馆界内部和外部两方面提出我国图书馆创客空间建

---

①　黎晓.我国高校图书馆创客空间构建模式研究[J].图书情报工作,2016(7):88 - 91.

②　杨绎,金奇文.公共图书馆创客空间发展模式研究——基于上海图书馆的实践[J].情报探索,2017(2):114 - 117.

③　王敏,徐宽.美国图书馆创客空间实践对我国的借鉴研究[J].图书情报工作,2013(6):97 - 100.

④　冯继强,李玲丽,施春林,等.美国图书馆创客空间实践对我国公共图书馆创新实践的启示[J].图书馆理论与实践,2014(11):109 - 113.

⑤　樊露露.克利夫兰公共图书馆创客空间的构建分析[J].图书馆学研究,2015(2):98 - 100.

设的发展策略①。金秋萍(2017)对美国高校图书馆创客空间建设的目标设定与操作步骤、筹资方式及专业团队建设、物理空间设计和知识交流环境建设进行了分析,建议我国高校图书馆的创客空间建设应重视创客空间服务、配备高素质人才、营造良好的知识交流环境以及注重外部协作②。单思远、王焕景(2017)对美国图书馆移动创客空间服务模式进行了分析,提出通过注重创客个性化需求、服务资源集成化配置、融入"互联网+"时代的创新素养教育、打造虚实结合的空间体验以及开发移动应用服务平台等推进我国图书馆开展移动创客空间服务的思考③。朱坚(2017)对美国8所公共图书馆和14所高校图书馆创客空间的用户协议内容进行了调研,发现用户协议在使用对象与授权、设备与技术配置、材料成本收费、安全规定、空间整洁度、责权划分6个方面具有共性,为我国图书馆创客空间用户协议制定提供了参考④。

4. 我国图书馆创客空间的实践研究

由于我国图书馆创客空间建设刚刚起步,还处在摸索阶段,较为成熟的经验和建设模式还较少,因此这方面的研究文献也相对较少。曲蕴(2014)以上海图书馆"创·新空间"为例,分析了其在功能、布局、资源和服务等方面的特点,显示其在共享多元化创意资源、培养创新制造人才、传播"创客文化"等方面具有的积极意义⑤。高晓晶、雷萍(2016)以电子科技大学图书馆"创新实验室"为例,总结分析了目前高校图书馆创客空间普遍存在人气不旺,除创新创业项目和大赛活动外,几乎没有更多的读者创新成果的问题,并提出部分解决方案⑥。黎晓(2016)基于网络和文献调研分析,认为服务模式单一、缺乏管理规范、欠缺资金和优秀的指导教师是我国高校

① 张亚君.图书馆创客空间协作建设研究[J].大学图书情报学刊,2015,33(1):117-121.

② 金秋萍.美国高校图书馆创客空间建设的实践及启示[J].图书与情报,2017(1):111-115.

③ 单思远,王焕景.美国图书馆移动创客空间服务模式分析及启示[J].图书馆工作与研究,2017,1(2):96-102.

④ 朱坚.美国图书馆创客空间用户协议内容分析及启示[J].图书馆建设,2017(3):61-65.

⑤ 曲蕴.公共图书馆"创客空间"实践探索——以上海图书馆"创·新空间"为例[J].新世纪图书馆,2014(10):42-44.

⑥ 高晓晶,雷萍.高校图书馆创新空间服务的实践与探索——以电子科技大学图书馆"创新实验室"为例[J].图书情报工作,2016(s1):63-65.

图书馆创客空间存在的问题①。韩俊兰(2017)对我国已成功开展创客服务的三个公共图书馆:上海图书馆、成都图书馆、深圳图书馆的创客空间进行调查分析,认为我国公共图书馆创客空间建设中存在设备与资源类型相似、创客项目设置有失偏颇、教育培训有所欠缺、合作关系有待加强、作品分享交流有待加强等问题,并提出丰富创客设备和资源种类、提供面向用户的创客项目、注重教育培训、积极建立并维护合作关系、搭建线上线下分享交流平台的我国公共图书馆创客服务策略②。

5.移动创客空间的研究

移动创客空间(Mobile Makerspace,或 Mobile Fab Lab)是近年来创客空间在发展过程中为解决场地不足、创客流量不足而提出和实践的新型创客建设模式,通常指可移动的、方便大众在不同地方制造工具、接受创客教育的小型创客空间。单思远、王焕景(2017)通过对美国图书馆移动创客空间实践案例的相关文献和网络信息资源的搜集与内容分析,将美国移动创客空间服务总结为"点对点"型、自助订制型和外联协同型三种模式,并对每种模式的典型案例进行了分析③。曾敬(2017)认为移动创客空间的优势一是可以最大限度地深入社区,贴近居民;二是与固定式的创客空间建设相比,移动式创客空间的建设所需的物理空间较小,投资少、周期短、见效快;三是移动式创客空间可以根据用户需求,因地制宜、因时制宜、机动灵活地开展各种服务活动,避免创客空间中的资源浪费。移动式创客空间克服了图书馆以往建设创客空间面临的诸多挑战,图书馆在移动式创客空间方面将会大有作为④。罗迪(2017)通过文献调研对高校图书馆移动创客空间的研究现状进行分析,提出构建高校图书馆移动创客空间五方面策略:载体与资源的选择、创客项目策划及组织、安全保障及相关知识培训、经费规划保障、绩效评估及反馈等⑤。

总体来讲,由于我国图书馆创客空间建设刚刚开始,创客空间研究还处于理论探索阶段,基于实践的案例研究主要集中在以美国为主的欧美发达国家图书馆,国

①　黎晓.我国高校图书馆创客空间构建模式研究[J].图书情报工作,2016(7):88－91.
②　韩俊兰.我国公共图书馆创客空间建设的调查与分析[D].合肥:安徽大学,2017.
③　单思远,王焕景.美国图书馆移动创客空间服务模式分析及启示[J].图书馆工作与研究,2017,1(2):96－102.
④　曾敬.移动式创客空间的建设现状及思考[J].现代情报,2017,37(3):116－118.
⑤　罗迪.高校图书馆移动创客空间构建研究[J].图书馆界,2017(2):67－70.

内的案例研究相对较少,因而基于我国图书馆创客空间建设实践的指导性理论相对缺乏。

## 第二节 国外图书馆创客空间的研究现状

与国内图书馆创客空间的研究相比,国外学者更多的是通过案例研究解决创客空间发展中遇到的实际问题,同时较为关注创客空间的实际效益,即给用户带来的影响和作用,以及创客空间的长远发展和可持续发展问题。

### 一、图书馆创客空间给用户带来的影响

玛丽亚·里尔(Maria Lille)通过问卷和半结构化访谈的形式,对爱沙尼亚纳尔瓦市图书馆(Narva City Library)开展的旨在提高市民创业能力、减少失业率的创客实验室(MakerLab)项目进行了为期一年的调查,以期了解公共图书馆创客空间对增强用户技能、知识和自信心的影响。在评估过程中,没有发现用户的消极态度,相反,市民对创客实验室活动的兴趣随着时间的推移而增加,访问图书馆网站的次数增加了一倍。墨尔·玛丽亚认为,图书馆对当地社区的影响起着非常重要的作用,创客空间或类似的培训空间将越来越成为未来图书馆服务的一部分[1]。

在韩国,政府把图书馆作为创意经济的中心,鼓励在图书馆设立"无限想象空间"(Infinite Imagination Room),以培养科学人才。永熙(Younghee Noh)采用托兰斯创造性思维测验(Torrance Tests of Creative Thinking)对用户参与公共图书馆创意活动6个月后的创造性思维能力指数进行了评估,发现参加创造性思维活动可以提高用户整体的创造性思维能力。永熙认为,无限创造性空间是未来图书馆功能的核心,但图书馆在运作这些空间时应该进行评估,以检验它们是否真正增强了用户的创造性思维能力,因为这才是构建无限创造性空间的最初目的[2]。

---

[1] LILLE M. Evaluating the success of makerspace in a public library:the case of Narva city library makerLab in Estonia[J]. New library world,2016,117(9):587 − 595.

[2] NOH Y. A study of the effects of library creative zone programs on creative thinking abilities [J]. Journal of librarianship and information science,2016:1 − 17.

### 二、图书馆创客空间运营中遇到的实践问题

3D 打印机通常是图书馆创客空间的必备设备，价格相对便宜，是图书馆与用户互动的一种简单方式，但在具体使用中也有很多问题需要解决和注意。吉莉安·安德里亚·诺兰（Gillian Andrea Nowlan）从 3D 打印机的选择、教学培训、服务政策、未来规划、出现的问题及解决办法等几个方面介绍了加拿大里贾纳大学图书馆（University of Regina Library）为期两个月的 3D 打印试点服务过程，认为创客空间的 3D 打印能为新知识的产生提供很好的机会，该馆计划未来购置更多的类似设备加入创客空间，并通过培训和认证的方式让用户自己操作 3D 打印机①。加利纳·莱特尼科娃（Galina Letnikova）等以拉瓜迪亚图书馆（LaGuardia Library）媒体资源中心提供 3D 打印服务支持学校教学为例，探讨了高校图书馆创客空间引入 3D 打印服务后，图书馆员所面临的挑战，诸如专用空间管理、专业教育和人员可用性等②。

2015 年春季，美国图书馆协会知识自由办公室（OIF）收到了第一封围绕 3D 打印的知识自由方面的书面询问函，一家图书馆准备在数字实验室中添加 3D 打印机，考虑到用户可能会打印非法、淫秽、侵犯知识产权、商标等的作品的可能性，询问有关 3D 打印机使用的政策和指导方针。芭芭拉·M. 琼斯（Barbara M. Jones，2015）认为一项令用户满意的使用政策显示了图书馆的专业性和对实施的认真考虑，能够提高图书馆的形象，吸引决策者、捐助者和基金会的注意。芭芭拉·M. 琼斯为图书馆 3D 打印使用政策提供了一些建议，认为在制定政策时要写明创客空间积极和具有前瞻性的任务和目标；政策要言简意赅，太多否定或限制内容可能会导致昂贵的诉讼或削弱用户的创新精神；使用程序清楚，让每个用户在使用空间时都受到公平对待；对任何法律和技术术语要有明确的定义，以使每个人都能有相同的理解③。

用户协议可以帮助用户了解创客空间提供的技术、培训以及服务的预期效果，

① NOWLAN G A. Developing and implementing 3D printing services in an academic library[J]. Library hi tech,2015,33(4):472 - 479.

② LETNIKOVA G,XU N. Academic library innovation through 3D printing services[J]. Library Management,2017,38(4):208 - 218.

③ JONES B M. 3D printing in libraries:a view from within the American Library Association:privacy,intellectual freedom and ethical policy framework[J]. Bulletin of the association for information science and technology,2015,42(1):36 - 41.

越来越多的图书馆希望能制定创客空间用户协议。但对于许多图书馆来说,创客空间建设仍然是一个全新的领域,用户协议还没有统一的标准或模版。希瑟·米歇尔·穆雷菲尔德-朗(Heather Michele Moorefield-Lang)对美国24个图书馆(包括公共图书馆和高校图书馆)的用户协议内容进行了分析,为图书馆制定创客空间用户协议提供了参考[①]。

虽然创新设备和工具越来越便宜,但很多工具没有无障碍设计,阻碍了大量残疾人进入创客空间。瑞德·默勒(Rhett Moeller)通过马里兰大学(University of Maryland)与当地图书馆寻求创建可普遍访问的创客空间的案例,为图书馆建设能够同时让残疾人访问的创客空间提供了参考[②]。

### 三、图书馆创客空间的可持续发展

杰罗恩·德·博尔(Jeroen de Boer)介绍了荷兰弗里斯兰省图书馆服务项目(Bibliotheek Service Fryslân,简称 BSF)中的弗里斯克实验室(FryskLab)计划。弗里斯克实验室是欧洲首个移动图书馆微观装配实验室(Fabrication Laboratory,简称 Fab Lab),其目标是探索如何建立移动 Fab Lab,帮助农村儿童和年轻人发展其创意和创业技能,从而提高全省公民的创新能力。文章分析了弗里斯克实验室有别于一般创客空间的理念和可持续发展模式,认为产品和服务开发是移动 Fab Lab 实现可持续发展的主要途径,通过将产品或服务提供给教育机构或其他图书馆来获得收入维持运营[③]。

埃里克·D. M. 约翰逊(Eric D. M. Johnson)以弗吉尼亚联邦大学图书馆(Virginia Commonwealth University)为例,认为图书馆建设创意空间要充分地了解用户和社区的需求,对图书馆和/或组织的使命和战略方向有透彻的了解,要勇于对那些并不适合自身情况的新创意说"不";其次,不要在空间里设置各种限制,如限制与学习无关

① MOOREFIELD-LANG H M. User agreements and makerspaces:a content analysis[J]. New library world,2016,116(7):358 – 368.

② MOELLER R,BASTIANSEN C,GATES L,et al. Universally accessible makerspace recommendation to the district of columbia public library[G]//WENTZ B,JAEGER P T,BERTOT J C. Advances in librarianship. Emerald Group Publishing Limited,2015:33 – 50.

③ DE BOER J. The business case of FryskLab,Europe's first mobile library FabLab[J]. Library hi tech,2015,33(4):505 – 518.

的项目使用空间资源等;另外,创意、创造服务不要仅仅局限于科学、技术、工程和数学学科(Science、Technology、Engineering、Mathematics,简称 STEM),还应该扩展到包括人文科学和社会科学的所有学科。不要试图创建一个只满足当前需要的创客空间,要了解学术和教育的发展方向,建设具有前瞻性的创客空间①。

伊娜·福利(Ina Fourie)和阿尼卡·迈耶(Anika Meyer,2015)认为目前图书馆创客空间的研究较多关注物理空间和工具的提供,缺少创客空间与图书馆相关信息服务的拓展性研究,如信息素养、消除数字鸿沟、嵌入式图书馆和社区支持等。图书馆应探索创客空间更大的潜力,将其与信息资源互联,使创客空间(Makerspaces)变为创客学习空间(Makerlearning)②。

**四、图书馆移动创客空间**

近年来,建立移动创客空间是国外一些图书馆为提高服务质量而进行的新的尝试。埃里希·普里普尔(Erich Purpur)等报道内华达大学里诺校区(University of Nevada,Reno)德拉马理工分馆(DeLaMare Science and Engineering Library)通过在校园内举办针对馆员的移动创客空间活动(Mobile Makerspace),很好地加深了馆员对创客空间服务的认识,消除了他们对非传统制作工具和资源的误解。DLM 分馆邀请主馆和其他分馆人员参加移动创客空间活动,让馆员们亲自动手体验可穿戴设备、3D打印以及图像设计和处理等,向他们展示这些资源和工具是如何为大学的教学、科研和创新提供服务的,取得了很好的效果③。

希瑟·米歇尔·穆雷菲尔德-朗(Heather Michele Moorefield-Lang,2015)对美国弗吉尼亚州蒙蒂塞洛中学移动创客空间、荷兰弗里斯克实验室移动创客空间(FryskLab Mobile Fab Lab)、美国芝加哥公共图书馆迷你创客空间(Mini Maker-lab)、北卡罗来纳州伊隆大学移动创客空间、加拿大安大略省伦敦市的数字人文创

①　JOHNSON E D M. The right place at the right time:creative spaces in libraries[J]. Advances in library administration and organization,2016,36:1 – 35.

②　FOURIE I,MEYER A. What to make of makerspaces:tools and DIY only or is there an interconnected information resources space?[J]. Library hi tech,2015,33(4):519 – 525.

③　PURPUR E,RADNIECKI T,COLEGROVE P T,et al. Refocusing mobile makerspace outreach efforts internally as professional development[J]. Library hi tech,2015,34(1):130 – 142.

客巴士(DHMakerBus)以及斯坦福大学的燃烧卡车(SparkTruck)等 6 个移动创客空间的图书馆员和教育者进行了深度访谈,认为移动创客空间将服务拓展到了图书馆外和校外的创客,为那些不便于到固定创客空间的用户提供了探索、创新和协作的机会[①]。

① MOOREFIELD-LANG H M. When makerspaces go mobile:case studies of transportable maker locations[J]. Library hi tech,2015,33(4):462 – 471.

# 第二章 国内外典型创客空间的运营

图书馆创客空间是图书馆为了在馆内空间再造和服务类型方面寻求创新和发展,学习和借鉴其他主体建设的创客空间而形成的。因此,研究图书馆创客空间,就需要全面了解和研究由其他主体建设的各类社会化创客空间。本章将重点对国内和国外(以美国为主)的公益性和商业化运作的创客空间的资金来源、业务模式、设施和服务等进行梳理和总结,以便从中找出适合图书馆创客空间建设和可持续发展的参考要素。

在这里,有一个概念需要我们提前理清,即众创空间。目前在我国各类媒体和文章的使用中,"众创空间"和"创客空间"两个词的概念多数情况下含糊不清。应该说,众创空间是由创客空间发展而来,是在我国政府推进"大众创业、万众创新"、培育和催生经济社会发展新动力的背景下形成的,具有鲜明的中国当代特色,是创客空间本土化的产物。从创客和创客空间的发展来看,国外并没有出现过"众创空间"这个词。众创空间是国家科技部在调研北京、深圳等地的创客空间、孵化器基地等创业服务机构的基础上,总结各地为创业者服务的经验之后提炼出来的一个新词,与传统创客空间不同的是,众创空间更加强调对创业孵化功能的强化,是具有创业孵化功能的创客空间[①],同时,"众创"二字更体现了创客空间"大众参与"的意义。因此,本书将众创空间与创客空间一并统称为创客空间。

目前,关于创客空间的类型,有多种划分方法。徐思彦、李正风(2014)认为创客空间具有社区型创客空间、Fab Lab、商业型机器商店3种典型形态[②];马骏(2016)依据性质、规模、影响力和辐射区域将创客空间分为公益性社区模式、专业化区域模式

---

① 王佑镁,叶爱敏.从创客空间到众创空间:基于创新2.0的功能模型与服务路径[J].电化教育研究,2015(11):5-12.

② 徐思彦,李正风.公众参与创新的社会网络:创客运动与创客空间[J].科学学研究,2014,32(12):1789-1796.

和生态链式连锁模式 3 种模式[①];林祥等(2016)依据不同的维度,将创客空间的基本类型概括为"自己玩"型与"集体玩"型、兴趣型与创业型、综合型与专业型、无配套型与有配套型[②];王佑镁、叶爱敏(2015)根据目前国内众创空间的功用和特征,将创客空间分为活动聚合型、培训辅导型、媒体驱动型、投资驱动型、地产思维型、产业链服务型和综合创业生态体系型 7 种模式[③]。以上对创客空间运营模式的类型划分,从不同角度概括了当前创客空间的特点。本章的目的是为后面图书馆创客空间的建设提供参考和借鉴,以下将主要对国外和我国典型创客空间的运营及特点分别进行归纳和总结。

## 第一节 国外典型创客空间的运营

### 一、美国的典型创客空间

1. 噪音桥(Noisebridge)

噪音桥(Noisebridge, https://www. noisebridge.net/)创立于 2008 年 9 月,由被称为创客教父的米奇·奥特曼(Mitch Altman)于 2007 年 8 月参加德国混沌计算机俱乐部(CCC)活动后,受其启发在旧金山建立。至今,Noisebridge 的主页上依然写着"Noisebridge grew out of Chaos Communications Camp in August,2007"(2007 年 8 月噪音桥诞生于混沌计算机俱乐部),可见其受 CCC 影响之深。

(1)噪音桥的定位和属性

Noisebridge 一词的意思是"噪音电桥",是一种电子测试设备,将噪音注入一个

图 2 - 1 Noisebridge 创客空间标识

① 马骏. 创客空间商业模式实证研究[J]. 科技进步与对策,2016,33(8):17 - 21.

② 林祥,等. 创客空间的基本类型、商业模式与理论价值[J]. 科学学研究,2016,34(6):923 - 929.

③ 王佑镁,叶爱敏. 从创客空间到众创空间:基于创新 2. 0 的功能模型与服务路径[J]. 电化教育研究,2015(11):5 - 12.

系统来测试其反应,可进行修复或改善。Noisebridge 注册为一个非营利性的教育机构,其定位是一个分享、创新、合作、研究、开发、培训与学习的空间,它不仅仅是一个物理空间,同时也是与世界各地联系的社区基地。"做的民主"(DO-OCRACY),即"想做就做,但一旦要做,就要做到最好"是 Noisebridge 奉行的精神。Noisebridge 提供教授实用技能和技术理论、科学和艺术的教育空间;为会员提供科学、艺术和技术等相关项目的工作空间以及其他资源的支持,以促进他们在各自感兴趣的领域里成长;鼓励会员分享他们的项目和知识,诚邀旧金山和世界各地的社区成员加入;促进跨学科的合作,以造福于文化、慈善和科学事业。

(2)空间和设备

Noisebridge 总面积 5200 平方英尺(约 483 平方米),包括电子实验室、机械/木材店、缝纫和手工艺品店、两间教室、会议区和图书馆等。图 2 - 2 为 Noisebridge 空间布局图①。

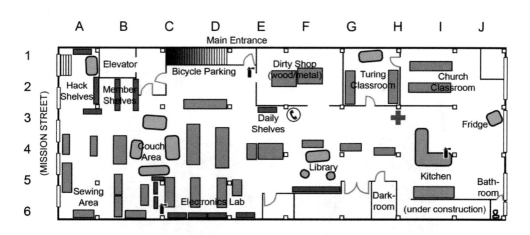

图 2 - 2　噪音桥(Noisebridge)空间布局图

电子实验室配备有表面贴装烙铁、万用表、泰克示波器、逻辑分析仪、频率发生器以及一些旧的仪器和仪表,各类电子元件如二极管、熔断器、连接器、各种芯片;小螺丝刀、钢丝钳、剥线钳、镊子、焊料、热风枪、胶枪等小型工具以及大量颜色齐全的电线。除此之外,人们还能在这里看到交流电源线、电源、以太网电缆和旧电子设备

---

① 　https://www.noisebridge.net/images/0/04/Noisebridge_Floorplan_36x24.jpg.

如笔记本电脑等塞满了一个个巨大的储物箱。Noisebridge 甚至还建立了一个电子元器件数据库,方便创客查询。每周一晚上 7 点,这里会定时举办电路黑客活动(Circuit Hacking)。

图 2 - 3　电子实验室里正在工作的创客

图 2 - 4　参加电路黑客活动的创客

机械/木材店配备有台锯、车床、数控铣床、带锯、径向锯、台式磨床、盘式砂光机、钻床等,此外还配备有激光切割机、3D 打印机以及各种手工工具。

图 2 - 5　机械/木材店配备的设备

缝纫和手工艺用品店配备有 5 台缝纫用机器,既有锁式线迹、直针脚等的工业用机器,也有家用的缝纫机、熨斗和烫衣板,此外还有捐赠来的成箱的线和布等。

两间教室是为软件开发者和计算机黑客专门设置,分别用丘奇(Alonzo Church)和图灵(Alan Turing)两位对计算机科学具有巨大影响力的人物姓名来命名。

会议区位于整个空间的中心区域,配有投影设备,可容纳约 24 人,也可以搬动桌子以容纳更多人。

Noisebridge 还在空间内设置了图书馆区域,图书部分来自捐赠,部分是应读者需求而购买,分类、上架等由志愿者完成。Noisebridge 开辟了网上图书馆噪音桥图书馆(Noisebridge Library),提供每本图书在亚马逊和开放图书馆搜索(OpenLibrary Search)的网址,如有纸本,提供在本地书架的位置。Noisebridge Library 上的图书数据由志愿者添加。

(3)资金来源

Noisebridge 的运营经费来自企业或个人的捐赠和赞助,不向空间使用者收取任何费用。个人赞助包括购买食物、饮料,或者赞助几美元来取得贴纸与 T 恤等。对于企业赞助,Noisebridge 拒绝给任何厂商做广告。根据 2017 年 10 月 Noisebridge 公布的财务数据显示,目前其每月所需的运营经费为 8350 美元,其中房租占大部分为 4356 美元,其他则为水电费、上网费、垃圾回收费、保险费、会计费、法务费、银行费和国家商业注册费,以及饮料采购、T恤衫或贴纸印刷、维修和消耗品的费用。

(4)会员管理

任何人想要进入和使用Noisebridge,不需要缴纳任何费用,也不需要成为会员。Noisebridge的开放时间为上午10点至晚上11点,这一时间段之外的其他时间只有会员和"慈善家"可以进入和使用空间。

在Noisebridge,会员具有不同的含义,成为会员意味着要承担更多的责任,要协助维持、改善和管理Noisebridge,帮助其他人解决问题,而不仅仅是来这里创造或学习。会员可全程参与Noisebridge的决策过程,全天24小时使用Noisebridge。而想要成为会员,必须经过一定的审核程序:首先要填写会员申请表,然后要有两位现任会员推荐并在申请表上签字;Noisebridge的每次例会都设有常设议程来审阅新的入会申请,申请者可以在会上要求成为会员(如不能出席可请其他会员代理),并回答问题,之后离场等待讨论结果。一旦讨论通过,申请者必须在30天内缴纳会费才能正式成为会员,否则必须重新申请。任何现任会员都可以在例会上对申请者提出异议。一旦成为正式会员,不仅要负责维护Noisebridge的物理和数字设施、缴纳会费、遵循社区规则、向他人传授知识,还要代表Noisebridge走出去,宣传Noisebridge,与其他创客空间进行交流,同时负责开发新的项目。

如因特殊原因(如外出旅行)暂时不能履行会员义务,可向管理员"请假",在此期间不能参与Noisebridge事务,假期过后续缴会费后可继续成为会员。会员亦可申请取消会员资格,如3个月内未缴纳会费且没有和财务主管联络,其会员资格自动取消,想再次成为会员需重新申请。Noisebridge的会员费按月缴纳,可选择每月缴纳160美元、80美元、40美元或一次性缴纳[①]。

Noisebridge的另一种特殊成员叫"慈善家"。被一位或多位会员认为是足够优秀的人即可以参加Noisebridge星期二的例会,在会上提出24小时使用Noisebridge的申请,如果至少有一位会员支持并无人反对,则申请者就视为通过审核,之后每月缴纳80美元会费,就成为Noisebridge的"慈善家"。与会员不同的是,"慈善家"仅拥有24小时使用Noisebridge的权利,而没有会员参与Noisebridge决策事务的权利和义务[②]。

---

① Noisebridge. Membership [EB/OL]. [2017 - 11 - 06]. https://www.noisebridge.net/wiki/Member.

② Noisebridge. Philanthropist/Pledge [EB/OL]. [2017 - 11 - 06]. https://www.noisebridge.net/wiki/Philanthropist/Pledge.

（5）活动开展

Noisebridge 每周举办各类活动，包括讲座和培训等，并提前在相约网（Meetup，https://www.meetup.com/）上公布，一些活动在一定阶段内会定期举行。各类活动均免费开放，成本较高的活动则采用"自由支付"（pay-what-you-can）的形式，号召参加者根据自己的能力支付一些费用，以支持 Noisebridge 的正常运行，如激光切割安全培训课程等。表 2 - 1 为 Noisebridge 2017 年 10 月活动一览表。

表 2 - 1　Noisebridge 2017 年 10 月活动一览表

| 时间 | 第一周（1—7） | 第二周（8—14） | 第三周（15—21） | 第四周（22—28） | 第五周（29—31） |
|---|---|---|---|---|---|
| 星期日 | 无 | 无 | 无 | 无 | 无 |
| 星期一 | 7:00 PM:Python 语言讲座<br>7:00 PM:电路黑客活动（针对所有年龄，学习使用电子器件制作很酷的东西） | 7:00 PM:电路黑客活动（针对所有年龄，学习使用电子器件制作很酷的东西）<br>7:00 PM:SQLite 数据库与 Python 语言讲座 | 7:00 PM:Python 语言讲座——算法实现<br>7:00 PM:电路黑客活动（针对所有年龄，学习使用电子器件制作很酷的东西） | 7:00 PM:电路黑客活动（针对所有年龄，学习使用电子器件制作很酷的东西）<br>7:00 PM:SQLite 数据库与 Python 语言讲座——函数 | 7:00 PM:Python 语言讲座——Flask 基础<br>7:00 PM:电路黑客活动（针对所有年龄，学习使用电子器件制作很酷的东西） |
| 星期二 | 8:30 PM:Unity 游戏开发者聚会 | 8:30 PM:Unity 游戏开发者聚会 | 8:30 PM:Unity 游戏开发者聚会 | 6:00 PM:3D 打印万圣节专场（制作万圣节服装道具）<br>8:30 PM:Unity 游戏开发者聚会 | 8:30 PM:Unity 游戏开发者聚会 |
| 星期三 | 无 | 无 | 7:00 PM:缝纫项目之夜 | 无 | |
| 星期四 | 7:00 PM:激光切割安全培训 | 7:00 PM:激光切割安全培训 | 无 | 无 | |
| 星期五 | 6:00 PM:自行车派队（自己动手改造自行车） | 6:00 PM:自行车派队（自己动手改造自行车） | 6:00 PM:自行车派队（自己动手改造自行车） | 6:00 PM:自行车派队（自己动手改造自行车） | |
| 星期六 | 4:00 PM:解密高手写代码活动（旨在加强隐私保护） | 4:00 PM:解密高手写代码活动（旨在加强隐私保护） | 4:00 PM:解密高手写代码活动（旨在加强隐私保护） | 4:00 PM:解密高手写代码活动（旨在加强隐私保护） | |

以下为部分活动照片①:

图2-6 在电子实验室参加"电路黑客"活动的人们

图2-7 自行车派对

## 2. 创客工坊(TechShop)

TechShop(http://www. techshop. ws/)是由吉姆·尼尔顿(Jim Nlewton)和里奇·麦琪(Ridge McGhee)于2006年10月1日在美国硅谷创立。同样是坐落在硅谷,TechShop与Noisebridge的风格却截然不同。TechShop是连锁的商业机构,作为美国

① Noisebridge. Photos[EB/OL]. [2017-11-06]. https://www. meetup. com/noisebridge/photos/.

最大的连锁创客空间,目前已在全美 8 个城市开设了 10 家分店①,并正在向全球拓展。2015 年,在法国巴黎设立了欧洲第一家 TechShop;2016 年,TechShop 计划与京东方联手推出硬件创新工坊而进军中国市场②。

图 2 - 8　TechShop 标识

（1）TechShop 的定位和属性

TechShop 是一个连锁的商业机构,其定位是:"一个充满活力和创意的社区,提供指导、工具、软件和空间,在这里你几乎可以创造任何东西! 来建立你的梦想!" TechShop 是一个创意场地,是一个开放的 DIY 工作坊和加工车间,同时也是一个以社区为基础,供企业家、艺术家、制造者、教师和学生一起学习和工作的地方。最重要的是,TechShop 让人们可以在合作和创造的环境中探索如何创造世界。TechShop 总裁保罗·杜根(Paul Duggan)指出,TechShop 可以帮助创客将概念性的东西真正地制作成实际的产品,与全球更多政府和机构进行合作,在各个领域和细分行业,找到新的方式,提高效率,进行创新,完善产品③。

（2）场地和设施

TechShop 每个分店都提供价值超过 100 万美元的专业设备和软件设施。这些设施和场地包括激光切割机、塑料和电子实验室、机械加工车间、木工工场、金工车间、纺织部、焊接站以及教室和会议室等。免费的咖啡和新鲜的爆米花亦可随时供人们享用。出于安全考虑,一些设备的使用有最低年龄限制,一些设备则在独立使用之前需完成安全及基本使用课程(USB)。

---

①　TechShop. TechShop locations[EB/OL].[2017 - 11 - 09]. http://www. techshop. ws/loca-tions. html.

②　李惠欣. 京东方推出创客工坊[EB/OL].[2016 - 08 - 22]. http://www. bda. gov. cn/cms/jryz/133319. htm.

③　京东方. TechShop(创客工坊)总裁 Paul Duggan:创客运动有全球经济影响力,希望将工坊引进中国[EB/OL].[2017 - 11 - 09]. http://www. iceo. com. cn/com2013/2016/1108/302040. shtml.

截至 2017 年,TechShop 在全美 8 个城市中共开设有 10 家分店,其中多家分店位于或毗邻大学和著名企业园区。如 TechShop 钱德勒分店就位于亚利桑那州立大学钱德勒创新中心(ASU Chandler Innovation Center,ACIC),该中心是钱德勒市与亚利桑那州立大学创新创业办公室共同建设,设施和设备由 TechShop 提供,服务则由双方共同提供。位于校园的 TechShop 给学生和教师带来了便利,ASU 的全日制学生可以免费成为 TechShop 会员,并可得到 200 美元的优惠券,用于参加 TechShop 的培训课程;兼职学生以及教职员工的会员费则可享受 8 折优惠[①];位于密歇根州的底特律分店则是由福特公司与 TechShop 共同建设,毗邻福特迪尔伯恩产品开发园区,占地 33 000 多平方英尺[②]。而加利福尼亚的圣若泽分店与圣何塞州立大学仅咫尺之遥,学生们步行即可很快到达。

(3)资金来源

TechShop 的资金来源主要有借助外力和自力更生两个方面。所谓借助外力是指通过接受捐助、政府资助、企业赞助及与企业合作、发行优先股和公司债券等获取资金;自力更生则是指通过收取会议费、课程费和其他增值服务费获取发展资金[③]。

2006 年,TechShop 的创始人马克·哈奇(Mark Hatch)在旧金山湾区(San Francisco Bay area)每年一度的庆祝手工创作聚会上以募股的方式募集了 35 万美元,成为 TechShop 的创始基金。之后,每一家新的 TechShop 分店都是以募股和接受资助的方式开设。2017 年 11 月,TechShop 网站的公告显示,其正以每股 10% 的折扣发行 B 系列优先股,最低起购金额为 1 万美元。对投资金额达到 2.5 万美元的个人,作为奖励,TechShop 将为其提供免费的 VIP TechShop 终身会员,其配偶(或伴侣)以及年龄在 21 岁以下的儿童均可免费享受 TechShop 的 VIP 会员服务,此活动截止日期为 2018 年 12 月 31 日[④]。

2010 年以后,为加速发展,TechShop 开始拓展新的商业模式,积极与企业、学

① ASU Chandler Innovation Center. TechShop[EB/OL].[2017 – 11 – 09]. https://entrepreneurship. asu. edu/launch/techshop.

② TechShop. TechShop detroit[EB/OL].[2017 – 11 – 09]. http://www. techshop. ws/ts_detroit. html.

③ 曾路等. 创客空间的商业化发展研究——以美国 TechShop 创客空间为例[DB/OL]. [2017 – 11 – 10]. http://www. chinalibs. net/ArticleInfo. aspx?id = 425788.

④ TechShop. Invest in TechShop[EB/OL].[2017 – 11 – 13]. http://www. techshop. ws/invest. html.

校、研究机构和政府机构等建立合作伙伴关系。在企业合作方面,2010 年 8 月,TechShop 与福特汽车公司合作,共同在底特律启动了创新工场,鼓励公众参与汽车创新 DIY;2012 年,TechShop 与零售商劳氏(Lowe's)合作建立分店,会员在 Lowe's 购买所需材料后可直接进入 TechShop 完成自己的项目①;2014 年 1 月,与亚利桑那州立大学钱德勒创新中心合作在校园内开设创客空间②;2014 年 6 月,TechShop 与美国图像仪器(National Instruments,简称 NI)公司合作,由 IN 公司提供包括 LabVIEW 系统设计软件以及 myRIO、myDAQ 和 VirtualBench 等硬件设施装备两家 TechShop 电子试验室并负责产品培训③;2014 年 12 月,TechShop 与富士通公司和美国富士通实验室合作推出了"创客工坊在这里"(TechShop Inside!)移动创客空间,为所有年龄段的学生服务④。

在与政府机构合作方面,2012 年 5 月,TechShop 与美国国防部高级研究计划局和退伍军人事务部建立合作伙伴关系,后两者为 TechShop 创建分店提供资助,TechShop 则为 2000 名美国退伍军人提供免费的会员服务。此前,退伍军人事务部和美国通用电气公司(GE)还资助 TechShop 开展"技能培养计划",为 3000 名退伍军人提供一年免费的会员服务,帮助其学习先进制造技术、提升技能、培养创业精神⑤。

TechShop 实行严格的会员制管理。会员费为每月 125 美元,如购买一年期会员则只需支付 1500 美元。提前终止会员资格需支付 100 美元的提前终止费。会员可使用全美所有 TechShop 分店的设备和服务。截至 2017 年底,TechShop 在全美约有9000 多名会员。

在课程收费方面,根据不同的课程,收费亦不相同,部分课程还需缴纳一定的材

---

① MOTAMEDI C. TechShop announces partnership and co-location with Lowe's in Austin area [EB/OL]. [2017 - 11 - 10]. http://www. techshop. ws/press_releases. html?&action = detail&press_release_id = 37.

② ZHENG C. TechShop celebrates grand opening of ASU chandler innovation center [EB/OL]. [2017 - 11 - 09]. http://www. techshop. ws/press_releases. html?&action = detail&press_release_id = 59.

③ WILLIAMS B,ZHENG C. NI and TechShop announce partnership[EB/OL]. [2017 - 11 - 09]. http://www. techshop. ws/press_releases. html?&action = detail&press_release_id = 79.

④ ZHENG C. TechShop and fujitsu partner to empower maker movement[EB/OL]. [2017 - 11 - 09]. http://www. techshop. ws/press_releases. html?&action = detail&press_release_id = 82.

⑤ 王立娜,等. 美国创客运营模式研究——以全球知名创客空间 TechShop 为例[DB/OL]. [2017 - 11 - 09]. http://www. chinalibs. net/ArticleInfo. aspx?id =425806.

料费,各分店价格相同,课程座位数会有所不同。会员和非会员均需缴纳课程费,会员要相对优惠。以半山半岛分店的激光切割课程为例,课程共计 2 小时,课程座位为 6 个,会员收费为 80 美元,非会员收费为 100 美元,均需再缴纳材料费 5 美元①。TechShop 还开设有创客空间学院(TechShop Makerspace Academy),每期 3.5 天收费为 3000 美元。

(4)课程与特色服务

TechShop 开设的课程内容包括工艺美术、计算机辅助设计、数控技术、计算机应用、电子设备、激光切割、机械加工、五金加工、快速成型、纺织品相关技术、焊接、木材加工、首饰设计等,有些分店还为青少年开设了 STEM 教育类培训,收费相对低廉。其他特色服务有:

TechShop 创客空间学院(TechShop Makerspace Academy):作为一个全球创客空间设计和运营的领导者,TechShop 通过为期 3.5 天的课程,为教育机构、图书馆和其他创新组织建立基于 TechShop 模式的创客空间传授经验。期间,TechShop 的专家会和学员一起举行 7 次工作会议,内容包括创客空间的设计与安全、创客空间设计调整、设备选择、管理和人员配备、创客空间教育、资源与采购;同时还会有 3 次关于激光切割机、3D 打印机、开源硬件和电子器件培训师课程②。

"TechShop Inside!"移动创客空间:是 TechShop 与富士通公司和富士通美国实验室合作建设的汽车创客空间,在 24 英尺长的拖车中配备了 TechShop 最受欢迎的设备和技术,面向所有年龄阶段的学生服务,旨在通过"学习制造"来增加青少年对 STEAM 领域的创造力和兴趣,为学生提供动手活动和获得技术的机会。目前这一模式正在向学校和图书馆推广。

个人定制服务(Personal services):TechShop 针对会员提供各种定制服务,收费为每小时 95 美元,最低两小时起订。这些服务包括一对一的安全与基本使用(SUB)课程、个人项目或技术咨询、个人原型制作服务等。

为企业家提供服务:TechShop 与富士通合作,为有新创意的企业家提供设计、原

---

① TechShop. Laser Cutting(LAS)[EB/OL]. [2017 - 11 - 10]. http://www. techshop. ws/take_classes. html?storeId = 1&categoryId = 10.

② TechShop. The TechShop makerspace academy[EB/OL]. [2017 - 11 - 10]. http://www. tech-shop. ws/Maker_Space_Academy. html.

型制作、制造和产品规模生产的一条龙服务①。

3. 微观装配实验室（Fab Lab）

Fab Lab（Fabrication Laboratory），即微观装配实验室，是美国麻省理工学院（MIT）比特与原子研究中心（Center for Bits and Atoms，CBA）发起的一项创新实验项目——一个拥有几乎可以制造任何产品和工具的小型工厂。1998 年，MIT 的尼尔·哥申菲尔德（Neil Gershenfeld）教授开设了一门"如何能够创造任何东西"的课程，很快受到学生的欢迎。没有技术经验的学生们在课堂上创造出很多令人印象深刻的产品，如为鹦鹉制作的网络浏览器、收集尖叫的盒子等，学生们为此而兴奋，他们的创造热情也使 Gershenfeld 教授受到鼓舞，他认为与其让人们接受科学知识，不如给他们装备、相关的知识以及工具让他们自己来发现科学。2001 年，美国国家科学基金会（NSF）在 MIT 资助建立了比特和原子研究中心，并在波士顿资助建立了第一间 Fab Lab②。现在，Fab Lab 已发展成为一个跨越 30 个国家和 24 个时区的知识共享网络，建成分布在 78 个国家的约 1200 多家实验室③；形成了Fab 教育、Fab 学院、Fab 研究、Fab 项目等创新服务形式以及 Fab 资本、Fab 经济、Fab 市场、Fab 连接等共享和商业化模式④。

图 2 - 9　Fab Lab 标识

（1）Fab Lab 的定位

Fab Lab 是 MIT 比特与原子研究中心教育延伸的重要组成部分，是创新和发明的原型制作平台，也是一个连接全球来自不同国家、拥有不同文化背景和环境的1200 多个 Fab Lab 的人们学习、创造、发明、共享、交流甚至玩的平台，由此形成的Fab Lab 网络是一个开放的、聚集了制造商、艺术家、科学家、工程师、教师、学生、业余爱好者、专业人士的创意社区。Fab Lab 的章程中写道：Fab lab 是一个本地实验室

———————

①　TechShop. Services & Programs［EB/OL］.［2017 - 11 - 10］. http://www. techshop. ws/services. html.

②　宋刚，陈凯亮，张楠，等. Fab Lab 创新模式及其启示［J］. 科学管理研究，2008，26（6）：1 - 4.

③　Fab Lab. Labs［EB/OL］.［2017 - 11 - 13］. https://www. fablabs. io/labs.

④　徐婧，房俊民，唐川，等. Fab Lab 发展模式及其创新生态系统［J］. 科学学研究，2016，33（5）：765 - 770.

的全球网络,通过提供数字制造工具实现发明创造。在这里,人们共享 Fab lab 不断变化的、能制作任何东西的核心能力,Fab lab 为人们提供经营、教育、技术、财务以及后勤援助,已完全超过了一个实验室所能提供的范围①。

（2）Fab Lab 的构建原则

遍布全球的 Fab Lab 并不是拥有几台设备就可以随意创建的,只有符合 Fab Lab 的创建原则和标准才能获得 MIT 比特与原子研究中心的授权。在 Fab 基金会的网站上发布的有资格创建 Fab Lab 的 4 个条件是②:

第一,公众对 Fab Lab 的访问是至关重要的。一个 Fab Lab 必须每周至少有部分时间向公众免费开放或提供实物服务。第二,要遵守 Fab Lab 章程。第三,Fab Lab 并不等同于一个快速成型设备或一台 3D 打印机,所有的 Fab Lab 都必须共享一套相同的工具和流程,这样做的目的是让全球各地的 Fab Lab 之间都可以分享知识、创意和进行跨国合作。目前,组建一个 Fab Lab 大约需要 2.5 万—5 万美元的硬件设施和 0.5 万—1 万美元的维护/材料支出费用③。Fab 基金会在其网站上给出了一个研究级制造实验室所需的全部硬件设备和材料清单以及开源软件和免费软件列表,并强调流程、规范和能力是构建一个 Fab Lab 的重要因素。因此,用于 2D/3D 设计和制造的激光切割机、用于制造电路和铸模的高精度铣床、用于制作柔性电路和工艺的塑料切割机,用于原型电路和编程微控制器的电子工作台是必不可少的硬件设备。如果有足够的资金,还需要木工镂铣机以制造适合家居和房屋大小的部件,而价格较为便宜的 3D 打印机是目前最受欢迎的设备。第四,所有的 Fab Lab 不能独自行事,必须参与到全球的 Fab Lab 网络中成为全球知识共享社区的一部分,包括参与公共视频会议、年度 Fab Lab 大会以及 Fab Lab 学院等。

（3）Fab Lab 建设

最快捷的方式就是自己购买和组配一间实验室,但这往往需要经验丰富的专业

---

① Fab Lab. The Fab charter[EB/OL].[2017 – 11 – 13]. http://fabfoundation. org/index. php/the-fab-charter/index. html.

② Fab Foundation. Who/what qualifies as a Fab Lab? [EB/OL].[2017 – 11 – 13]. http://fabfoundation. org/index. php/what-qualifies-as-a-fab-lab/index. html.

③ Fab Foundation. Setting up a Fab Lab[EB/OL].[2017 – 11 – 13]. http://fabfoundation. org/index. php/setting-up-a-fab-lab/index. html.

人士协助进行实验室的安装、调试和培训,因此人们往往采取其他协作的方式进行建设。Fab 基金会在其网站上给出了 Fab Lab 建设的参考步骤①,实事上这也是实践中大多数 Fab Lab 从建设到运营的整个过程,从中我们也可以了解到建设和运营 Fab Lab 过程中如何获得其所需的基础条件、资金、政府和社会多方面的支持等内容。

第一步,首先要确定一个主办机构,可以是政府机构、社区组织或教育机构。Fab Lab 需要一个有权力的机构来主持、安置或隶属于这个机构来保证它的成功。

第二步,确定一位正确的拥护者来领导 Fab Lab 是非常重要的,成功的 Fab Lab 往往有一位对"通过技术促进社区发展"充满热情并受到社区尊重的领导者。

第三步,确定合作伙伴,包括与 Fab 基金会、当地合作伙伴、投资者、服务商等的合作协议的落实。

第四步,确保 Fab Lab 有足够的资金支持。Fab 基金会推荐南非的做法,即政府资助设备,主办机构负责空间、运营和管理费用,合作企业负责项目经费。Fab 基金会可协助进行预算编制和方案撰写。

第五步,选址至关重要,要保证社区人员能够方便访问,同时能够吸引潜在客户。

第六步,采购、安装。

第七步,培训技术与管理培训师,以便他们日后能够对用户进行培训。Fab 基金会可协助开设速成班"如何教授早期用户制作任何东西"。

第八步,正式启动 Fab Lab。可邀请重要的社区、政府机构和相关利益方人员参加开业仪式,让他们充分了解 Fab Lab 的概念,观看项目演示等。

(4)Fab 基金会(Fab Foundation)

Fab 基金会是一个非营利性组织,是 MIT 比特和原子研究中心 Fab Lab 项目的一部分,成立于 2009 年,旨在促进和支持 Fab Lab 网络的发展以及区域组织能力建设的发展。Fab 基金会的使命是提供工具、知识和资金以支持教育、创新、技术发明和数字制造技术,使任何人都能制造任何东西,从而创造机会改善全世界人民的生活和生计。社区组织、教育机构和非营利性项目是 Fab 基金会的主要受益者;教育、组织能力建设和服务、商业机会是其关注的焦点;创建新的 Fab Lab,为世界各地的 Fab Lab

---

① Fab Foundation. Setting up a Fab Lab[EB/OL]. [2017 - 11 - 13]. http://fabfoundation. org/index. php/setting-up-a-fab-lab/index. html.

提供人员培训,发展区域网络和基础设施建设、开发国际项目是其重点支持领域。

Fab 基金会在世界各地都有合作伙伴,因而可以为新建 Fab Lab 提供一站式设备购置服务,部署、安装、培训和咨询服务以及在线的资源共享服务。

(5)Fab 学院(Fab Academy)

Fab 学院(Fab Academy,http://fabacademy.org/)是一个全球性的分布式校园,利用 Fab Lab 作为教室对学生进行新的技术素养教育。过去的几年中,在 Fab 学院学习合格后获得的 Fab 证书,已经在学生就业、投资、入学等方面得到了认可。

Fab 学院主要讲授数字制造的原理和应用,是在 Neil Gershenfeld 教授开设的"如何能够创造任何东西"的课程基础上发展起来的。FAB 学院创造了独特的分布式教育模式,学生在当地的 Fab Lab 与工作组一起学习,包括导师、同事,当然还有各种机器,然后通过内容共享、视频互动与全球的学员互联。每年 Fab 学院的课程历时 6 个月,每周通过在线教学学习一个新主题,并到线下实验室完成一个小项目。虽然课程历时 6 个月,但实际上学生完成的时间可以是一年或几年,也就是说 Fab 学院的证书是根据学生成绩而并不是根据时间发放的。为保证教学效果,Fab 学院对学生进行三个阶段的全球评价:首先由本地辅导老师每周进行评价,其次在全球课程(即通过视频会议系统进行的在线教学)中由全球讲师和导师进行评价,第三个阶段是最终评价,由一批有经验的教师和专家对学生基于文档的任务以及最终项目进行评价。表 2-2 为 Fab 学院课程内容和课时安排①。

表 2-2　Fab 学院课程内容和课时安排

| 序号 | 课程内容 | 课时 |
| --- | --- | --- |
| 1 | 数字制造原理和实践 | 1 周 |
| 2 | 计算机辅助设计、制造和建模 | 1 周 |
| 3 | 电脑控制切割 | 1 周 |
| 4 | 电子设计与生产 | 2 周 |
| 5 | 计算机控制加工 | 1 周 |
| 6 | 嵌入式编程 | 1 周 |
| 7 | 3D 建模与铸型 | 1 周 |

① Fab Academy. Fab academy course structure[EB/OL].[2017-11-15]. http://fabacademy.org/about/diploma/.

续表

| 序号 | 课程内容 | 课时 |
|------|----------|------|
| 8 | 协同开发与项目管理 | 1 周 |
| 9 | 3D 扫描与打印 | 1 周 |
| 10 | 传感器，执行器和显示器 | 2 周 |
| 11 | 接口和应用程序编程 | 1 周 |
| 12 | 嵌入式网络和通信 | 1 周 |
| 13 | 机械设计 | 2 周 |
| 14 | 数字制造应用及其影响 | 1 周 |
| 15 | 发明、知识产权和商业模式 | 1 周 |
| 16 | 数字制造项目开发 | 2 周 |

能够提供 FAB 学院课程教学的本地 Fab Lab 被称为"节点"（nodes），并不是所有的 Fab Lab 都能够成为节点，必须经过申请并符合一定的要求。截至 2017 年 11 月，FAB 学院公布的 2018 年分布在美国、中国、法国、德国、西班牙、意大利、印度等世界各国的"节点"为 64 所，我国有北京 Fab Lab 和同济大学设计创意学院 Fablab O Shanghai 两所。各国"节点"的课程收费也不尽相同，在 5000—7000 美元之间，如我国北京 Fab Lab 2018 年的课程收费为 6000 美元，Fablab O Shanghai 则为 5000 美元[1]。

（6）Fab Lab 的功能[2]

Fab Lab 强调其对社区发展所起的作用，认为实验室应满足所在社区大众的利益和需求，所以每一个 Fab Lab 都是不同的，应基于其社区而建立。实践中，Fab Lab 选择了技术、经济基础和文化迥然不同的国家和地区展开实验，成功地与当地文化、环境和特定需求相融合。

沙桑谷维（Soshanguve）Fab Lab 位于南非首都比勒陀利亚（Pretoria）郊外的一个小镇上，是一个完全为社区及其周边社会工程服务的实验室。一个名为光明青年理事会的地方青年组织开办了社区卫生中心，并开设了一间打字/复印门店，后来他们成功地

---

① Fab Academy. Fab academy nodes for 2018 cycle[EB/OL].[2017 – 11 – 15]. http://fabacademy. org/fab-academy-nodes-2018/#a001.

② Fab Foundation. The community function[EB/OL].[2017 – 11 – 15]. http://www. fabfoundation. org/index. php/the-community-function/index. html.

在这间门店的隔壁建立了一间 Fab Lab,为 Fab Lab 提供管理者和技术培训人员。现在打字/复印门店依然提供打字和复印服务,但其电脑大部分时间都用来培训儿童、青少年和成年人使用电脑和进行电脑设计;一旦用户设计了他们想要制造的东西,他们就走到隔壁的 Fab Lab,在那里,一个小型的技术专家团队会帮助他们学习机器使用、电子学、制造过程和工作流程。这个 Fab Lab 还扩展了他们的服务,帮助用户为小型企业的创业理念进行原型设计,并已开始计划申请成为 FAB 学院的节点,以增加收入维持 Fab Lab 的运营业务。沙桑谷维 Fab Lab 目前已得到政府和一些大型企业的资助。

肯尼亚内罗毕大学科技园(University of Nairobi Science and Technology Park)Fab Lab 是第一个集成到企业孵化器环境中的 Fab 实验室。它虽然位于大学校园内,却和内罗毕科技大学没有任何关系,而是与政府推出的新科技园倡议有关。内罗毕科技大学 Fab Lab 的用户是本地企业家和发明家以及刚刚毕业的工程系学生,有 8—10 个小企业项目正在进行孵化。基于该实验室的成功,肯尼亚政府计划在同一投资环境中建立一个 Fab Lab 网络。该实验室完全由政府出资,政府通过改变相关政策以支持其运营,包括进出口关税方面的支持,以保护那些从 Fab Lab 孵化出来的企业的发展。

克利夫兰 MC2STEM 高中(MC2 STEM High School)Fab Lab 是一个为高中生举办的正规的教育实验室,教育专家们在这样一个以 STEM 教育为特色的高中构建了一个完整的 Fab Lab,并专门培训了操作机器和进行设计的教职人员。学校的每一门学科教学中都引入了 Fab Lab 的工具和过程,使学生在学习过程中能体验到真正的工程环境。此项目是通用电器公司与克利夫兰公立学校系统之间的合作,前者为项目提供资金支持。

## 二、英国的典型创客空间

制造空间 Makespace(http://makespace.org)于 2013 年 3 月开业,位于被誉为"下一个硅谷"的英国剑桥市。

图 2 - 10　Makespace 标识

1. 空间属性及定位

Makespace 同时被注册为一家非营利的担保有限公司"Makespace 剑桥有限公司"和一个社区机构。作为公司，Makespace 负责处理法律问题、健康和安全、金融等问题，以便保证空间和基础设施的提供和可用性。作为社区机构，Makespace 负责举办活动、为空间选择成套的工具设备以及空间的日常运营等。董事会同时对公司和社区负责，并将保证空间的成功运营作为重要工作。Makespace 的定位是：社区发明小屋；一个人们可以聚会、学习、制造、休闲的地方，在这里可以制造和修理任何东西；一个任何人可以为自己的项目或活动获得空间和工具支持的地方；一个会员组织。作为一个非营利组织，Makespace 声称自己不同于 TechShop，不打算将服务扩展到本地以外的地方，也不提供特许经营权，希望能够为人们提供有用的工具、为当地企业和新建企业提供支持；也不同于黑客空间，但有着比很多黑客空间更多的软件工具集；不同于共享办公空间，是一个为社区和各种项目服务的地方，但提供的绝不仅仅是朝九晚五的工作台；同时也不同于 Fab Lab，不会通过保密条款来限制用户。Makespace 的工作人员，不论其隶属社区还是公司，均由志愿者组成。

2. 空间及设备

Makespace 占地 4000 平方英尺，包括一个主工作区以及活动室、厨房、多功能厅等。图 2 - 11 为 Makespace 空间布局图①。

主工作区配备工具有：带锯机、圆盘打磨机、圆锯、数控雕刻机、钻床、研磨机、车床、铣切机、斜切锯、电动工具（小型）、木工台、木工车床、刨刨机和铣削台等。其他工作区还配备有 3D 打印机、精细金属制品台和柔性轴钻、激光切割机、玻璃加工设备、真空成形机、绘图仪、扫描仪、投影机、丝网印刷设备、CAD 工作站等；工艺区配备有刻字机、用于切割或工作的大型桌子、缝纫机、T 恤烫画机、装有 CAD 软件并链接有扫描仪和刻字机的电脑、编制机、摄影帐篷 3D 打印画蛋机（EggBot）等。设备的照片、性能、注意事项以及当前使用状态均在 Makespace 的维基主页上进行公布②。

①　Makespace. Our space[EB/OL]. [2017 - 11 - 01]. http://makespace.org/space/.

②　Makespace. Equipment[EB/OL]. [2017 - 11 - 01]. http://wiki.makespace.org/Equipment.

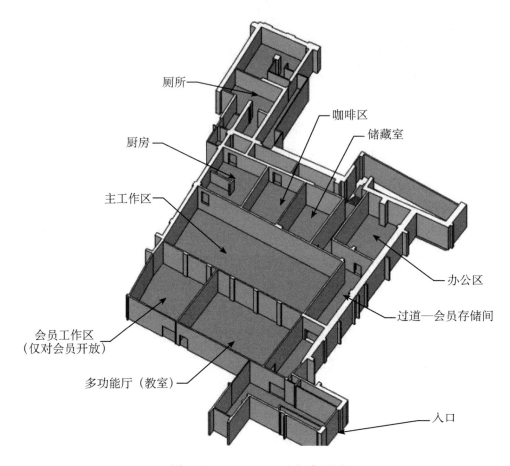

厕所

咖啡区

储藏室

厨房

主工作区

办公区

过道—会员存储间

会员工作区
(仅对会员开放)

多功能厅（教室）

入口

图 2 - 11　Makespace 空间布局图

3. 资金来源

制造空间（Makespace）成立时由英国剑桥大学创意中心（Ideaspace）、剑桥大学制造研究所（Institute for Manufacturing，IFM）、安谋公司（Advanced RISC Machines，ARM）、技术合作公司（The Technology Partnership，TTP）、微软研究院（Microsoft Research）、剑桥科学中心（Cambridge Science Centre）等提供资助，并由 IFM 的机器人实验室提供主要的工作场地。实际运行后的设备维护费来自收取的会员费。

4. 管理原则①

Makespace 的指导性原则规定：保持空间的可用性是 Makespace 的首要原则；公

_____

① Makespace. The makespace guiding principles［EB/OL］.［2017 - 11 - 01］. http://makespace.org/space/principles/.

司对社区的决策做出反应并促进决策的实施,但公司也可以否决社区的决定,特别是基于空间的合法性或健康和安全问题;会员费仅用于支付空间的运营,但不能用来购买设备,这也就意味着 Makespace 不会冒险将会费收入用在新设备购买上而影响空间的开放。

在设备采购方面,社区负责设备的挑选,公司负责采购流程、付款及筹款。通常社区决定要购买的设备,由公司负责通过赞助、众筹、捐赠或其他手段筹集资金。设备购买前,必须保证有足够的资金用于后期的维护,这些资金将被存入公司的银行账户。公司有权否决设备的购买,购买的设备一般归公司所有。Makespace 成立之初,由于有众多初创成员积极赞助并通过其他渠道筹资,保证了空间正式开放时已经有了部分设备。

Makespace 采用较为保守的财务制度,不采用贷款的方式购买资产设备,几乎在任何情况下都不会采取贷款的方式获得资金,除非贷款是保证空间运行的唯一途径时才会接受过渡贷款。由 Makespace 剑桥有限公司董事会制定财务目标,保证有一定的缓冲资金用于诸如设备损坏、会员流失等不良情况出现时空间能够正常运行。在资金有剩余的情况下,可以支持社区购买设备或改善空间条件。

5. 会员制度

凡年满 18 岁的个人都可以成为 Makespace 的会员。为保证会员对空间的责任感和"利益共享、风险共担"的精神,所有会员均需缴纳会费。会员分为创始会员、正式会员和访客 3 种。

创始会员:指 Makespace 开业前提供预付资金的人。预付 250 英镑可获得为期 6 个月的会员服务,包括访问空间、参与空间和社区的规划和设计等。Makespace 的创始成员共有 64 位。

正式成员:每月需缴纳 40 英镑。新会员最少缴纳 3 个月的会费,到期后按每月付费。注册之后,新会员必须签署会员协议,遵守空间规则,并在指定的时间接受引导课程。可使用空间的基本设施,进入带有访问密令的安全工作间,可以组织和参加公共活动,一些特殊的课程或活动需要另行缴纳费用。

访客:Makespace 欢迎会员介绍访客参观空间。访客只有在会员的陪同下才能进入空间,需签署一份免责声明并登记进出时间。访客需遵守空间规则,可使用有限的设备,一些特定的设备和课程可能会受到限制,特定课程或活动需缴纳一定的费用才可参加。正式会员需对其介绍来的访客行为负责。

6. 空间使用规则[①]

Makespace 对所有人开放,无论是出于商业目的还是非商业目的,也不管其目标是为了工作、学习、经商抑或只是为了玩,但违反空间使用规则者禁止进入。

一般规则:要求会员安全使用设备,确保自己的行为不会危害到空间内其他人的安全,如有任何设备或安全问题,需向空间管理者报告。会员必须通过主入口进入 Makespace,私人物品需随身携带,遗失物品会有专门的架子存放,28 天无人认领的物品会被捐赠给慈善机构。最后离开的会员需确保关掉灯和其他电源,除非另有提示。

工作区使用规则:为了保障安全,18 岁以下者在没有会员和成年人的陪伴下不得参加培训或其他活动;所有设备都已经过安全测试,为确保安全,需接受完整的培训后方可使用;设备使用完毕应送回其存放地点或恢复到使用前状态,以方便下一位使用者;在高峰时段,Makespace 保留限制使用特定设备或设施的权利;会员必须在使用设备、工作台、办公桌后清理所有私人物品和财物;Makespace 指导人员或可信赖的会员可提供有关设备使用和其他咨询问题的帮助,但无法对会员个人进行的项目提供帮助。

安全事项:随着 Makespace 的发展和新设备的引进,环境和设施可能会发生变化,这也就意味着空间中的风险可能会改变。因此,Makespace 要求会员认真阅读安全简报或设备使用文档,这些内容也会在网上随时公布。

关于吸烟与饮酒:Makespace 禁止在工作区内吸烟,除非管理者提前安排,禁止携带酒精入内。会员不得在酒精或其他管制药品影响下操作设备。

进出 Makespace:会员需持有访问令牌才可进入 Makespace,访问令牌只限个人使用,不得转借,如丢失需尽快与管理人员联系。为统计空间人员流量,会员需刷卡才可进入空间内门。

7. 活动开展

Makespace 活动开展丰富多彩,既有针对所有人的开放性活动,也有只针对会员的封闭式活动,有按周或按月举行的系列活动,也有针对某一主题临时开展的活动。例如,每周四只对正式会员开放的周创客之夜(Weekly Maker Night),旨在为会员提

---

① Makespace. Makespace rules[EB/OL].[2017 – 11 – 01]. http://makespace.org/membership/membership-agreement/membership-rules/.

供相互交流和认识的机会;针对正式会员开放的各类培训课程,如 3D 打印、激光切割、Droidscript 应用等;对所有人开放的空间参观活动(See the Space),旨在吸引更多的人加入 Makespace;每月一次的科学创客(Science Makers)活动,以科学和教育为主题,提供讨论、低成本制作、DIY、开源硬件等的活动,对所有人开放,儿童可以在成人的陪伴下参加;每月举办一次针对创客家庭的活动,鼓励创客们带着他们的家庭成员和孩子一起参加。

表 2－3　Makespace 2017 年 10 月活动一览表①

| 时间 | 第一周(1—7) | 第二周(8—14) | 第三周(15—21) | 第四周(22—28) | 第五周(29—31) |
|---|---|---|---|---|---|
| 星期日 | 无 | 无 | 10:00 AM:Hack Lab 创客家庭活动 | 10:00 AM:科学制作大会 | |
| 星期一 | 4:30 PM:外展活动(针对儿童的编码和游戏开发俱乐部)<br>7:00 PM:激光切割培训(仅对会员) | 无 | 无 | 10:00 AM:先锋黑客大会(11—16 岁儿童)<br>8:00 PM:创客故事——复制安提凯希拉装置 | 4:30 PM:外展活动(针对儿童的编码和游戏开发俱乐部) |
| 星期二 | 7:00 PM:Droidscript 应用(公开)<br>7:00 PM:树莓派(Raspberry Pi)公开赛 | 7:00 PM:树莓派(Raspberry Pi)公开赛<br>7:00 PM:Droidscript 应用(公开)<br>7:30 PM:新会员入会仪式 | 2:00 PM:色感——2017 创意节(针对家庭和 8 岁以上儿童)<br>4:00 PM:色彩创客——2017 创意节<br>7:00 PM:树莓派(Raspberry Pi)公开赛<br>7:00 PM:Droidscript 应用(公开) | 7:00 PM:激光切割培训(仅对会员)<br>7:00 PM:Droidscript 应用(公开)<br>7:00 PM:树莓派(Raspberry Pi)公开赛 | 6:00 PM:数控路由器课程(仅对会员)<br>7:00 PM:Droidscript 应用(公开)<br>7:00 PM:树莓派(Raspberry Pi)公开赛 |

① Meetup. Calendar-October 2017 [EB/OL]. [2017 - 11 - 01]. https://www. meetup. com/ Makespace/events/2017-10/.

续表

| 时间 | 第一周(1—7) | 第二周(8—14) | 第三周(15—21) | 第四周(22—28) | 第五周(29—31) |
|---|---|---|---|---|---|
| 星期三 | 9:00 AM:CM 客户会议 | 7:30 PM:3D 打印课程(仅对会员) | 6:00 PM:数控路由器课程(仅对会员)<br>7:00 PM:公共住宅会议(公开) | 无 | |
| 星期四 | 5:45 PM:外展活动——创客俱乐部<br>6:30 PM:参观活动(公开)<br>7:30 PM:Weekly Maker Night(仅对会员) | 5:45 PM:外展活动(针对儿童的编码和游戏开发俱乐部)<br>7:30 PM:Weekly Maker Night(仅对会员) | 6:45 PM:艺术、科学与色彩——2017 创意节<br>7:30 PM:Weekly Maker Night(仅对会员)<br>7:30PM:新会员入会仪式 | 6:00 PM:斜切锯和圆锯使用课程(仅对会员)<br>7:30 PM:Weekly Maker Night(仅对会员)<br>8:00 PM:斜切锯和圆锯使用课程(仅对会员) | |
| 星期五 | 无 | 无 | | 10:00 AM:定制控制器制作(儿童和家庭)<br>1:00 PM:定制控制器制作(儿童和家庭)<br>6:00 PM:数控路由器课程(仅对会员) | |
| 星期六 | 12:00 PM:Science Makers(公开)<br>4:30 PM:斜切锯和圆锯使用课程(仅对会员) | 无 | 2:00 PM:2017 创意节——奇妙的服饰<br>6:30 PM:生物制造展 | 10:00 AM:定制控制器制作(儿童和家庭)<br>2:00 PM:2017 创意节——奇妙的服饰 | |

图 2-12 至图 2-15 为 Makespace 部分活动照片①。

---

① Meetup. Photos[EB/OL].[2017-11-01]. https://www.meetup.com/Makespace/photos/.

图 2 – 12　参加创客家庭活动的儿童

图 2 – 13　访客参观 Makespace

图 2 – 14　创客展示自己的作品

图 2 – 15　激情工作的创客

### 三、奥地利的典型创客空间

梅塔实验室（Metalab, https://metalab. at/）是奥地利第一个创客空间,成立于 2006 年,是维也纳高科技社区的聚会场所和多家互联网创业公司的发源地,被公认为是维也纳初创企业生态系统中的重要组成部分。

1. 空间属性及定位

图 2 – 16　Metalab 标识

Metalab 是一个非营利性的创新和创业中心,面向所有人开放,致力于提供免费的信息交流场所,为技术创新爱好者、创客、创始人和数字艺术家之间的合作提供空间,为项目免费提供基础设施,为电子 DIY、硬件黑客、游戏开发、安全、图形编程、新媒体、黑客文化/街头艺术、音像制作、免费的公共网络、创业、隐私和公民权利等广泛领域的创客提供信息交流的物理空间。

2. 空间及设备[①]

Metalab 位于维也纳第一街区市政厅旁,总面积约 220 多平方米。虽然空间面积不大,但可谓五脏俱全,包括多功能会议室、电子和硬件实验室、媒体实验室、图书馆、休息室、化学和摄影实验室,甚至包括一间厨房,配备有公共终端、免费无线网络和公共电脑。图 2 – 17 为 Metalab 空间布局图。

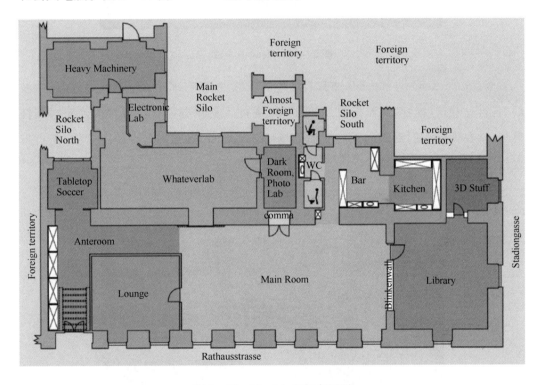

图 2 – 17　Metalab 空间布局图

主厅(Main Room):配备有大屏幕和投影仪、麦克风、调音台、白板、活动挂图、书桌、沙发、电话亭、爆米花机等设备,是 Metalab 的中心区域,用于工作空间、讲课、社区晚餐等各种活动,有时会在这里举办派对活动。

---

① Metalab. Räume[EB/OL]. [2017 – 11 – 07]. https://metalab. at/wiki/R% C3% A4ume.

图 2-18    Metalab 主厅

厨房(Kitchen)是 Metalab 非常有特色的区域,配备有冰箱、燃气灶、电烤箱、微波炉、各种盆和碗、搅拌器、洗碗机、咖啡机等,方便人们举办研讨会或社区晚餐时烹饪美味,旨在为创客们提供沟通和交流的场所。Metalab 厨房不允许储存食物,需自带食材,但提供饮料和咖啡。

图 2-19    Metalab 厨房

图书馆是 Metalab 最安静的区域,在这里可以安静地编码、阅读和工作。团队可临时借用作为会议室或小型作坊活动。休息室(Lounge)被认为是 Metalab 的心脏和中心,一些新奇的想法就诞生在这里,人们在这里讨论世界的状况,进行电影展播等活动。

图 2-20　Metalab 休息室一角

硬件实验室（Whateverlab）：面积约 40 平方米，是电子爱好者聚集的地方，也是 DIY 开源硬件的地方。配备有激光切割机、3D 打印机、示波器、芯片编程器、烙铁、电路板蚀刻设备、用于编程微控制器的计算机和硬件、螺丝、各类电器元件如电阻器、电容器、LED、接触条和插座等。

重型机械室（Heavy Machinery）：配备有数控铣床、整流器电极、电焊接机及其外围设备、台式钻机、冲击剪、磨床、吸尘器以及更多的手工具等，为安全起见，还配备了足够的手套、防护镜、研磨护目镜以及护耳和急救箱等。

图 2-21　重型机械室

摄影/化学实验室(Photolab/Chemielab):为摄影爱好者提供的空间。该空间没有窗户,作为暗室,配备有水槽,以及胶片冲洗和电影剪辑设备,同时也作为化学实验室进行丝网印刷。

扫描室(Scannerroom):配备3D扫描仪、平板扫描仪和3D打印机等。

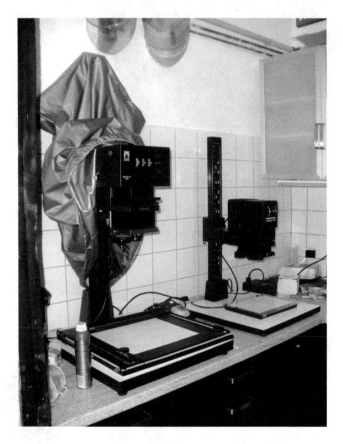

图2-22　摄影/化学实验室一角

3.资金来源

Metalab的运营经费主要来自会员的会费,企业赞助和公共捐赠则用来支持项目或改善基础设施。此外也接受实物捐赠,如计算机、电缆和适配器、各种工具和机器、图书等。Metalab在其主页也列出了每年的赞助企业。

4.会员管理

Metalab对所有人开放,无论其是否是会员。Metalab鼓励定期或经常来访的人士成为会员,因为其大部分运营经费都来自会费,可以说没有会员就没有Metalab的正常运营,目前会员费为每月 25 欧元。想要成为会员非常简单,只需填具会员表交给董事会成员,然后登录维基,在 Metalab 的 Jabber 服务器上注册一个账号以便与社区进行沟通和交流,同时加入一些感兴趣的邮件列表即可①。

为了保证 Metalab 的正常运行,建立良好的社区关系,Metalab 制定了一系列的行为准则,如 10 分钟清理规则、未成年人监督职责、在空间内的行为准则以及厨房、硬件实验室、重型机械室等的使用规则。每天晚上 9 点 45 分,主厅的灯光系统开始变成闪烁的红色,这是开始 10 分钟清理的信号,在空间内的每一个人都要求立刻参与清理,检查所有的房间,开窗通风,将无用的垃圾清理干净,包括厨房里过期的食品、用过的空瓶子,同时将用过的杯盘放到洗碗机里,干净的餐具放进橱柜等。在主厅张贴有 10 分钟清理的告示牌,写明了要完成的清理项目。

Metalab 是一个包容各方的社区,无论年龄、种族、性别、收入或宗教如何,都欢迎每个人在相互尊重、宽容和鼓励的环境中讨论和学习更多技术,所有成员享有平等的权利。为达成这一期望,Metalab 制定了会员的《行为规范》,成立了一个叫安劳特勒(Anlaufstelle)的意识小组(Awareness Team),人们在空间里受到任何干扰或发生不愉快的事情都可以向 Anlaufstelle 求助,Anlaufstelle 会以保密的方式对事件进行处理。《行为规范》严格禁止对他人的性别、性取向、残疾、外貌、体型、种族或宗教等进行嘲笑、不适当的评论以及令人反感的身体接触,违者可能会被采取包括警告、停用钥匙以及临时或无限期禁止进入空间的措施②。

此外,Metalab 固定在每月的第二个星期三和第四个星期二召开协调会议(Jour Fixe,JF)。JF 是开放式会议,讨论的范围包括空间目前的发展、计划的项目、事件、问题、解决方案、组织问题、新闻等,并对上一次 JF 的议题进行修正。会员如有需要在会上商讨的议题,需提前三天提交。

5. 活动开展

Metalab 会员可以选择自己感兴趣的小组加入,这些小组会经常定期或不定期举办相关主题的聚会、讲座、研讨会等活动,面向公众免费开放,也就是说非会员也可

① Metalab. Mitglied werden/en[EB/OL].[2017 – 11 – 07]. https://metalab. at/wiki/Mitglied_werden/en.

② Metalab. Code of conduct[EB/OL].[2017 – 11 – 08]. https://metalab. at/wiki/Code_of_Conduct/en.

以免费参加这些活动。目前,Metalab 主页上列出的兴趣小组约有 40 多个,如开锁小组(Lockpicking),由对开锁感兴趣的专业人士和业余爱好者组成;无线电小组(Meta-Funk),由 30 名业余无线电爱好者组成;机械小组(MetaMech),由对机械工程、焊接、数控等感兴趣的人组成;机械键盘组(Mechanical Keyboards),由对机械键盘设计爱好者组成;激进的服务器小组(Radical Server Unit),由一群拒绝 PaaS、SaaS 和 IaaS,试图创建自己的云的爱好者组成;知识共享小组(Groups:CreativeCommons),专为那些对知识共享和免费许可感兴趣的人士举行会议[①]。表 2 - 4 为 Metalab 2017 年 10 月活动一览表。从这些活动中可以看出,Metalab 关注的不仅仅是技术,还试图通过技术创新来解决社会问题,如对数字时代的隐私、弱势群体、公民权利等的关注。

表 2 - 4　Metalab 2017 年 10 月活动一览表[②]

| 时间 | 第一周(1—7) | 第二周(8—14) | 第三周(15—21) | 第四周(22—28) | 第五周(29—31) |
|---|---|---|---|---|---|
| 星期日 | 6:30 PM:开锁小组活动 | 无 | 无 | 12:00 AM:TOX(一款即时通信工具)开发研讨会 | 10:00 AM:隐私周活动 |
| 星期一 | 7:00 PM:烽火网络小组活动 | 无 | 7:00 PM:一起聊天 | 10:00 AM:隐私周活动 | 7:00 PM:机械小组活动:FreeCAD 培训 |
| 星期二 | 6:30 PM:开锁研讨会 | 7:00 PM:交互设计活动(面向非德语人士)3:00 PM:星空花绘画活动 | 7:00 PM:维也纳混沌电脑俱乐部(C3W)非正式会议(每月第三个周二定期举行) | 7:30 PM:协调会议(Jour Fixe)10:00 AM:隐私周活动6:30 PM:Python用户小组活动5:30 PM:Python用户小组活动 | 1:00 PM:电视拍摄 |

---

　①　Metalab. Usergroups(Liste)[EB/OL].[2017 - 11 - 08]. https://metalab.at/wiki/Usergroups_(Liste).

　②　Metalab. Metalab OS calendar-oktober[EB/OL].[2017 - 11 - 08]. https://metalab.at/calendar/2017/10/.

续表

| 时间 | 第一周(1—7) | 第二周(8—14) | 第三周(15—21) | 第四周(22—28) | 第五周(29—31) |
|---|---|---|---|---|---|
| 星期三 | 7:30 PM:无线电小组活动<br>7:30 PM:隐私周活动（10月23—,数字时代的隐私） | 7:30 PM:协调会议（Jour Fixe）<br>7:30 PM:隐私周活动<br>3:00 PM:星空花绘画活动 | 7:30 PM:无线电小组活动<br>7:30 PM:隐私周活动(10月23—)<br>6:30 PM:开锁小组活动 | 10:00 AM:隐私周活动 | |
| 星期四 | 无 | 6:00 PM:服务器小组活动<br>3:00 PM:星空花绘画活动 | 7:00 PM:维也纳Debian操作系统用户会议<br>5:00 PM:缺失的地图项目（将需要帮助的弱势群体所在地区标注在地球上） | 10:00 AM:隐私周活动 | |
| 星期五 | 无 | 7:00 PM:参加第34届德国混沌通信者聚会<br>3:00 PM:星空花绘画活动 | 7:00 PM:维也纳"免费代码聚会"（学习编码,做公益） | 6:00 PM:终极用户:里佩尔（Ripper）<br>10:00 AM:隐私周活动 | |
| 星期六 | 10:10 AM:数控研讨<br>1:00 PM:网络自由倡议小组活动（致力于数字背景下的公民权利） | 无 | 12:00 AM:TOX（一款即时通信工具）开发研讨会 | 10:00 AM:隐私周活动 | |

## 第二节　国内典型创客空间的运营

在国外创客运动和创客文化的影响下,以及我国政府推进"大众创业、万众创新"、培育和催生经济社会发展新动力的背景下,我国掀起了创客运动的热潮,并促进大量"本土化"创客空间和众创空间的产生。由于大多数创客空间是在政策和企业的推动或引导下产生的,因此为解决创客空间的可持续发展,"创意—原型—产品—市场化"的全过程创新创业体系成为我国创客空间关注的重点,其业务既涵盖公益性社区和商业性机器商店的业务内容,还进一步整合了企业加速器和孵化器的运作方式,形成一种横向特征显著的全过程创新创业体系①。因此,国内纯粹的公益性社区属性的创客空间数量较少,虽然一些创客空间依然定位为公益性社区,但都或多或少地为创意项目或初创企业提供了孵化器功能,更多的则是孵化创业项目的众创空间。而政府在资金扶持、办公场所和税收减免等方面的利好政策,也为我国创客空间成长提供了很好的外部条件。截至 2017 年 11 月,我国有创客空间 3000 多家,本书仅选取具有代表性的公益性创客空间上海新车间、深圳柴火创客空间,以及营利性质的北京创业公社为例,对其资金来源、业务模式、设施和服务等进行梳理和总结。

### 一、上海新车间

上海新车间(http://xinchejian.com/)2011 年成立于上海,是由志愿者运营的非营利性社区创客空间。其使命是支持、创建并推广物理计算、开源硬件和物联网,长期目标则是在中国各地传播创客空间的理念以及推广创客的文化。为了达成这个目标,新车间积极举办讲座、研讨、项目、初创推广、工坊、竞赛等活动,同时参与国际竞赛。

图 2-23　上海新车间标识

1. 资金来源

作为非营利性的社区团体,新车间维持日常运营所需资金的来源主要有:工作坊收入、销售硬件(如 Arduino 初级者套件)、销售和新车间相关的宣传贴纸、销售零食和饮料、针对需要使用工具及制作空间的会员收取会费以及与公司合作研发、设计及制作产品原型。新车间内部财务管理秉承公开透明的原则,如有盈利将全部用于维持新车间的日常运营及开展项目所需经费。

2. 会员制度

成为新车间的会员有两种方式:一是付费,按月缴纳 100 元或按半年缴纳 450 元即可成为会员;二是作为志愿者为建设新车间出力同样可获得月会员资格,如通过

---

① 陈晓暾,梁佳. 中美创客空间运营模式比较[J]. 企业经济,2017(4):147-153.

为非会员教学或组织研讨会来筹集资金,为新车间寻找赞助商或代表新车间参加比赛获奖,提供专业服务(如媒体制作、管理支持、翻译、课程教学、技术支援等),捐赠工具、硬件、软件、办公设施等。

会员可免费使用空间里的机械、电子工具和网络,享受宽敞的工作空间和存放空间,免费参与新车间举办的兴趣小组、活动、会谈和讨论等。

3. 活动发布与管理

新车间活动通过官方微博和活动行(http://www.huodongxing.com/)进行提前发布。由于是志愿者管理,目前只设置了一名活动管理员。每周三晚上7:00—9:00举行新车间开放夜,其目的是分享思想,为那些对DIY和创新创意感兴趣的人搭建交流平台,吸引更多的人认识新车间。开放夜活动面向所有人开放,免费参加,无须预约,但想要在活动中进行创意演示者需提前一天申请。开放夜活动通常会有30—40人参加,2—3位申请者每人可用中文或英文做5—9分钟的创意演示(拒绝进行广告宣传或推销),之后是创客时间和其他活动①。通过参加开放夜活动,一些创意演示有机会获得投资者的青睐。

图 2 - 24 新车间开放夜活动②

① XinCheJian. Presenting at Xinchejian[EB/OL]. [2017 - 11 - 20]. https://wiki. xinchejian. com/wiki/Presenting_at_Xinchejian.

② XinCheJian. Open night[EB/OL]. [2017 - 11 - 20]. https://wiki. xinchejian. com/wiki/Open_ Night.

新车间工作坊活动则需提前报名,通过支付宝或现金付费参加。有兴趣在新车间开展工作坊者可以通过提前两周提交申请资料而获得这样的机会,这些资料包括个人简介、项目描述、用来宣传即将开展的工作坊的微博文章和微博图片。工作坊教授的内容可以是开源硬件、3D 打印、激光切割、焊接等。届时参加工作坊的人需向组织者缴纳新车间每小时的使用费 80 元和材料费,收取的使用费中一半归新车间所有。例如,一个 4 小时的工作坊,参加者要缴纳 320 元使用费和若干材料费,使用费中的 160 元归新车间所有,其余 160 元归工作坊组织者所有①。表 2 - 5 为 2017 年 9 月新车间工作坊活动。

**表 2 - 5　2017 年 9 月新车间工作坊活动**

| 3 日 | 7 日、14 日 | 9 日 | 17 日、23 日 | 21 日、28 日 | 22 日、29 日 |
|------|-----------|------|-----------|-----------|-----------|
| 12:00—14:00 拓奇手表工作坊 | 18:00—20:00 模型制作工作坊 | 14:00—16:00 宝贵塑料工作坊 | 10:00—12:00 3D 打印初学者工作坊 | 18:00—20:00 数控机床工作坊 | 18:30—20:30 磁流体时钟 |

总体来看,新车间沿袭了国外公益性社区的运作模式,其管理方式与美国的 Noisebridge 有相同之处,都是通过志愿者进行管理,空间建立的目的完全是为了满足创客们的创新创意需求。

### 二、柴火创客空间

柴火创客空间是一个公益性质的、由会员自发管理的集知识分享、创意交流以及协同创造为主的非营利组织,由深圳矽递科技股份有限公司总经理潘昊于 2011 年创办。柴火创客空间寓意于“众人拾柴火焰高”,为创新制作者(Maker)提供自由开放的协作环境,鼓励跨界的交流,促进创意的实现以

图 2 - 25　柴火创客
空间标识

至产品化。2015 年 1 月 4 日,国务院总理李克强考察了柴火创客空间,并成为柴火的荣誉会员,使柴火创客空间为人们所熟知。

---

① XinCheJian. How to run a workshop[EB/OL].[2017 - 11 - 20]. https://wiki. xinchejian. com/wiki/How_to_run_a_workshop#Examples_of_Great_Workshops.

1. 资金来源

柴火创客空间是一个中立的不以营利为目的的组织,由深圳矽递科技有限公司牵头成立,靠第三方赞助、会员会费、每周末的工作坊、寄卖创客作品以及场地对外租借的形式来获取运营经费。2015 年以来,柴火开始为教育机构和企业等提供创客教育和创客空间建设解决方案,也使其资金来源更为丰富。

2. 空间与设备

柴火创客空间分为两大部分,面向大众和普通会员开放的区域称为"前店",包括分享区、设备和工具区、工作区、展示区和体验区,另一部分则是会员专属工作区即 VIP 工作区。

普通会员工作间配备有原型制造工具如激光切割机、3D 打印机、小型车床,电子工具如开发板(Arduino)、台式烙铁、热风枪、小型数字示波器、手持式万用表以及耗材等①。VIP 会员工作间配备有原型制造工具 3D 打印机、小型数控机床(CNC)、雕刻机和台钻床,电子工具有台式烙铁、热风枪、数字示波器、手持式万用表、红外线回焊炉、直流电源等②。

2017 年 9 月,由柴火创客空间携手万科云城共同打造的柴火创客空间的升级版"柴火造物中心(x. factory)"正式开始招募会员。x. factory 在 1000 平方米的空间设置了 3 个专业工作坊:金工坊、木工坊、3D 打印坊,配备了近 50 台专业的设备,并为会员提供免费的非固定办公位③。

3. 会员管理④

柴火创客空间实行会员分级管理制度,会员级别分为入门会员、初级会员、高级会员和驻场会员。不同级别会员,享受不同的会员权益。

入门会员:无须缴纳会费,可免费获取行业资讯和空间活动信息,免费参加空间

---

① 柴火创客空间. 普通会员工作间[EB/OL]. [2017 - 11 - 20]. http://www. chaihuo. org/tools/public.

② 柴火创客空间. VIP 会员工作间[EB/OL]. [2017 - 11 - 20]. http://www. chaihuo. org/tools/vip.

③ 柴火创客空间. 这个创客空间,内测就用了 6 个月![EB/OL]. [2017 - 11 - 20]. http://www. chaihuo. org/makers/news/makerspace

④ 柴火创客空间. 怎样申请成为柴火驻场创客会员[EB/OL]. [2017 - 11 - 20]. http://www. chaihuo. org/makers/news/mir2.

的日常活动、分享会、创客马拉松以及其他公益活动。

普通会员:每月缴纳 199 元,每天可免费使用店面 2 小时,除免费参加入门会员享有的活动外,还可以免费参加会员专属活动,与创客大咖交流、与创客大咖做项目以及政府政策分享活动和服务。

高级会员:每月缴纳 999 元,可不限时使用店面、VIP 会员区,但无固定工位。免费参加和享有空间所有活动和服务。

驻场会员:由柴火定向邀请或者是创客主动申请之后通过严格审核后方可加入。驻场为期 3 个月,柴火每月为驻场会员提供 5000 元补贴。驻场会员的招募原则为:创客个人或其项目在互联网上有影响,有至少一个项目被广泛传播;申请时需介绍未来 3 个月要做的项目,说明项目的大致效果;在入驻柴火期间,需举办至少每个月 2 次分享会和 1 次工作坊,与柴火高级会员分享创作心得以及项目进展情况。

4. 活动开展

柴火创客空间的常规活动有:

(1)工作坊:每周末会举行不同主题的工作坊,可以通过官网、微信、邮箱和电话进行报名。

(2)分享会:举办不同类型的分享会,分享创意、创新理念、制作心得以及产品体验等。

(3)拜访日:柴火会员专属活动,柴火会带着会员们一起去拜访其他创客空间、孵化器、创业公司、大企业和工厂等,促进交流与协作。

大型活动:2012 年,柴火创客空间得到美国创客嘉年华(Make Fair)品牌官方授权,开始在深圳举办深圳迷你创客嘉年华(Shenzhen Mini Maker Faire);2014 年升级为特色创客嘉年华(Featured Maker Faire),使深圳成为全球第七个举办具有城市特色 Maker Faire 的城市。2015 年 6 月,柴火创客空间主办的深圳制汇节(Maker Faire Shenzhen)作为深圳首届国际创客周主会场受到广泛关注,涵盖 260 个展位、50 个国际创客专家、3 场大型创客演出、30 多场工作坊、10 个大型创客装置等内容,参观人数超过 19 万人次。

5. 为教育机构提供创客教育解决方案

柴火创客空间认为创客教育与传统教育中的内容并不矛盾,可以看作是传统教育中课堂内容的加强和延伸,是一种帮助学生提高创新意识、锻炼动手能力、培养创造能力的素质教育辅助模式。柴火创客空间提出一整套的创客教育解决方案,其目标是将有价值的创客文化带给学生;带领老师、学生掌握创客技能,培养学生创造思维;提高创新教育质量,培养创新型教育人才。在这套方案中,提供了一站式校园创客空间的设备工具方案、创客教育课程以及师资力量的培训课程体系①。2016 年 5 月,柴火创客空间与青岛电子学校签署合作协议,在青岛电子学校建立"柴火创客空间青岛电子学校实践基地"。根据协议,柴火创客空间将借助学校 3D 设计与打印、数字媒体技术应用,以及电子电气应用等专业和高精设备与优秀师资力量,为基地提供前期建设规划设计方案,并指导开展创客教育。学校将借助柴火创客空间的优势,在创客教育师资力量和实践平台上深入开展双向创新创业活动,提升教师和学生创客教育水平和创新能力②。2015 年 6 月 19 日,在柴火创客创新教育计划发布会上,柴火创客空间与 42 所学校签约,并计划在未来的三至五年内,与数百所学校建立合作关系,为学生们提供一个可以将创意转为现实的梦想平台③。至 2016 年 3 月柴火已与全国 47 所中小学共建了校园创客空间。其中,深圳 14 所、广东省外 33 所。

6. 为社会化创客空间提供解决方案

柴火创客空间已经不再满足于在自己的空间里为创客们提供创新创意服务,而是通过与政府、学校、企业和其他创客空间的合作,将创客文化带向更广泛的社会领域,并协助教育机构、企业等进行创客教育和创客空间建设,不仅丰富了空间的服务内容,扩大了服务范围,也为空间的持续运营找到了更为丰富的资金来源。

2015 年 4 月 24 日,柴火创客空间与"一起开工社区"达成合作,将双方现有资源和运营经验全面整合后对外输出,为更多众创空间/社区提供了建设及运营的完整解决方案。方案内容包括前期调研分析、定位与模式构建、协助团队组建、为团队提供运营实训、提供空间功能规划建议、空间产品服务(包括打造完整的造物吧、协助建立创客设备区、协助搭建会员服务管理后台、提供多元跨界品牌活动开展流程)、

---

① 柴火创客空间.柴火创客教育[EB/OL].[2017 – 11 – 20].http://www.chaihuo.org/space-building/edu.

② 孙军.柴火创客空间"牵手"中职校[EB/OL].[2017 – 11 – 20].http://www.jyb.cn/zyjy/zyjyxw/201605/t20160512_659436.html.

③ 祁琦.柴火创客空间与 42 所学校签约[EB/OL].[2017 – 11 – 21].http://www.sznews.com/news/content/2015-06/20/content_11784703.htm.

提供会员线上社区平台、加入互助网络"一起柴火"family、新媒体线上传播、提供持续跟踪与咨询支持等①。

### 三、创业公社

与公益性的新车间和柴火创客空间不同,创业公社是一个营利性的综合创业生态体系型创客空间,致力于为创业者提供一站式创业解决方案,助力企业快速发展。目前,创业公社管理和运营的空间总面积超过 12 万平方米,入驻服务企业超过 1300 家。2016 年开始在全国布局,已扩张到哈尔滨、烟台、天津、厦门等地②。

图 2 – 26　创业公社标识

1. 空间入驻

创业公社为创业团队和个人提供空间服务,目前已在北京、天津、哈尔滨、厦门和烟台为创业团队提供办公场地。以创业公社石景山总部办公场地为例,致力于打造移动互联、文化创意、科技金融垂直孵化中心,场地包括独立共享会议室、展览展示中心、咖啡厅、开放路演厅等。创业公社为入驻团队提供一站式的服务——工商注册、政策申请、创业培训、资本市场推介、FA(Finance advisor,投融顾问,简称 FA)业务以及外部资源对接等服务。独立办公 3 元—5.2 元/平方米/天,开放办公收取 700 元/位/月,其他服务如工商注册也收取一定的费用③。

37 度公寓是创业公社为创业者提供的"拎包入住"式公寓。公寓共计 133 个房间,每间 20 平方米,设有独立卫生间、24 小时热水,每间标配空调、冰箱、折叠床铺、洗衣机,公共区免费提供群体综合厅、创业沙龙会所、艺术创作室、小微读书吧、健身管理中心、趣味厨房等共享空间,室外则提供 500 平方米的休闲创意区,如露天烧烤广场、开心农场、咖啡露台等休闲创意空间。公寓的租赁价格为 2100 元/月④。

---

①　柴火创客空间.社会化创客空间[EB/OL].[2017 – 11 – 21].http://www.chaihuo.org/spacebuilding/socialized.

②　创业公社.关于公社[EB/OL].[2017 – 11 – 21].http://cygs.vstartup.cn/jx/gygs.html.

③　创业公社.石景山总部[EB/OL].[2017 – 11 – 21].http://www.vstartup.cn/kjrz/bgcd/beijing/2017/0620/27.html.

④　创业公社.37°公寓[EB/OL].[2017 – 11 – 21].http://www.vstartup.cn/kjrz/gy/.

2. 公社服务①

创业公社为创业者提供资金、培训、政策、数据等全方位的服务,这些服务包括创客金服、彩石学院、政策、水滴数据、台湾青年创业驿站。

创客金服:通过资本市场推介、融资咨询和微股权,帮助创业团队解决资金难题,助力企业快速成长。

彩石学院:是创业公社商学院培训体系的总体品牌标识,其定位是聚集创业人群,共同研习、探讨、交流、融合,并整合各类资源,以发掘未来的"独角兽公司"为目标的创业实战交流和人际资源平台。彩石学院开设的线下课程包括以下几类:股权激励实战训练营、斯坦福大学全球点燃项目、模拟沙盘演练、创新人才培训体系、园区运营管理培训等。以斯坦福大学全球点燃项目为例,该项目是斯坦福商学院的核心项目之一,旨在为硅谷以外的创新人士提供学习斯坦福商学院独特的创新、创业精神和管理的机会。2014 年,创业公社首次与斯坦福商学院合作,成为该项目在中国区的唯一运营商。点燃项目的课程内容是针对创业者和内部创业者量身定做的严格学术项目,目标是开发与推动创新性理念,教授作为实现上述目标的基础的商业知识与实务技能。收费为每人 6.8 万元。

政策:及时为创业者推送相关优惠政策,提供政策解读、咨询、辅导、申报等一揽子政策服务,同时搭建起企业与政府的沟通桥梁。

水滴数据:为创业者和投资人提供企业综合数据查询、企业征信评价、创新能力评价、投融资对接、投资和创业趋势分析等服务。

台湾青年创业驿站:是创业公社为响应国家有关创业政策和鼓励台湾青年来大陆就业创业而设立的台湾专区,为入驻的台湾团队提供 3 个月的免费办公场地和资讯普及、服务对接、金融扶持等一站式创业服务。

3. 公社活动

创业公社的活动包括讲座、沙盘、工作坊、论坛、会议、读书会、沙龙、分享会、大赛等多种形式,在内容上既有为创业者服务的投融资路演、资源对接、政府解读、财务、知识产权、营销、管理等方面的讲座和培训,也有针对大众宣传创客教育和创客文化的普及性活动。表 2 - 6 为创业公社 2017 年部分活动。

---

① 创业公社. 公社服务[EB/OL]. [2017 - 11 - 21]. http://www.vstartup.cn/gongshefuwu.

表 2 - 6   创业公社 2017 年部分活动①

| 时间 | 活动名称 | 主要内容 |
|---|---|---|
| 11 月 5 日 | 女创资本运作与资源对接会 | 分享"她经济"资本运作和品牌打造的高招 |
| 11 月 2 日 | 战略财务必修课:CFO 如何快速搞定融资 | 邀请创业公社副总裁、CFO 张萍女士为创业公司 CFO 讲解《战略财务必修课:CFO 如何快速搞定融资》 |
| 11 月 1 日 | 万圣节电影夜 | 观影活动——搞怪也是一种创造! |
| 10 月 27 日 | 金牌知识产权讲座——不要错过属于你的资产保值 | 邀请相关专家就知识产权的管理价值、知识产权纠纷调解及诉讼进行深入解读 |
| 10 月 24 日 | 中关村"双料"人才政策宣讲会 | 与中关村管委会人才处合办,对最新的相关人才认定政策进行解读,并进行现场咨询答疑 |
| 10 月 15 日 | 科技创意市集 | 用各种好玩的互动游戏,带领孩子们探索未知,走进科学的世界 |
| 9 月 20 日 | 第五届创业投资行业峰会之创投生态共建论坛 | 围绕我国创业投资政策动向、行业发展趋势展开讨论交流 |

　　营利性的综合创业生态体系型创客空间在我国众多的创客空间中占绝大多数,如创新工场、创客总部、大公坊创业基地、优客工场、369 云工厂、TA 众创等。

---

① 　创业公社. 公社活动[EB/OL]. [2017 - 11 - 21]. http://www.vstartup.cn/gshd/.

# 第三章　图书馆创客空间构建

　　图书馆创客空间的出现是信息时代用户多样化需求、图书馆寻求变革的需求以及全球创新浪潮推动下的产物。在信息化的大潮下,图书馆赖以提供服务的资源也逐渐多样化,从信息共享、知识共享到工具共享,信息、知识、工具、虚拟空间、物理空间正变成图书馆赖以为用户提供服务的不可或缺的资源,超越作为单纯的"信息中心"、成为用户学习、休闲、创新、创业服务的"第三空间"也正是当下图书馆服务变革的趋势所在。因此,为创新、创意、创业服务的创客空间也受到越来越多图书馆的关注。

　　美国是世界上创客空间数量最多的国家,因此,美国图书馆界也较早关注和实践创客空间。2011年,雪城大学信息研究学院的学生劳伦·布里顿·斯梅德利(Lauren Britton Smedley)毕业后到雪城法耶特维尔公共图书馆(Fayetteville Free Library)推行创客空间项目,并将其命名为奇妙实验室(Fabulous Laboratory),提供3D打印机、切割机、缝纫机、手工工具、纸工艺工具、珠宝首饰制作工具和材料等,开设3D打印机和乙烯切割机使用课程、3D设计课程以及针对中小学生的免费项目。在资金方面,通过参加道格拉斯·拉什科夫(Douglas Rushkoff)主办的纽约联络峰会(Contact Summit)而获得10 000美元的奖励,作为奖励的一部分,还获得了众筹平台印第安戈戈(Indiegogo)提供的捐赠;在物理空间建设方面还得到了美国政府的20 000美元的资助①。法耶特维尔公共图书馆的Fab Lab与MIT的Fab Lab名称缩写不谋而合,被认为是美国第一家提供创客空间服务的公共图书馆,它的成功也吸引了更多的美国公共图书馆开始建立创客空间项目。而在我国,2012年中国科学院文献情报中心与科技孵化器合作建成了"创意空间",同时搭建了"科技创新与创业平台",这是我国第一个专业图书馆创意空间;2013年5月,上海图书馆"创·新空

---

　　① BRITTON L. A fabulous labaratory:the makerspakce at fayetteville free library[EB/OL].[2017 - 11 - 21]. http://publiclibrariesonline. org/2012/10/a-fabulous-laboratory-the-makerspace-at-fayetteville-free-library/.

间"正式对外开放,成为我国第一个公共图书馆创客空间。

目前,图书馆创客空间的建设可谓是如火如荼,但受图书馆自身特点、性质和服务对象的影响,与社会化的创客空间相比,无论是理念、原则还是服务和运营,图书馆创客空间还不能完全照搬社会化创客空间的做法,实践中图书馆界也在借鉴社会化创客空间的基础上,试图摸索出一条适合图书馆的、能够可持续发展的创客空间建设与服务之路。本章首先分析图书馆创客空间建设所面临的挑战、具有的优势,然后对其构建原则、要素、方法、运营和发展趋势做进一步探讨。

## 第一节　图书馆创客空间建设优势与挑战

受图书馆性质、服务对象、服务宗旨、社会职能等的影响,图书馆创客空间与社会化的创客空间相比,在建设、运营和服务方面都有其自身的特点,存在着一定的优势,但创客空间作为图书馆创新服务模式的尝试,同时也面临着巨大的挑战。

### 一、图书馆建设创客空间的优势

1. 图书馆受众广泛有利于创客文化的广泛推广

目前,图书馆尤其是公共图书馆的读者范围非常广泛,不同年龄阶段、不同职业、不同文化背景、不同民族等的人群都在图书馆服务对象之列,因而更有利于创客文化的广泛推广。相比较而言,社会化创客空间往往聚集的是特定范围或行业内有共同兴趣和爱好的人群,他们有着相对固定的群体,以及稳定的线上和线下聚会或活动的空间和时间。但大部分创客空间在运营中针对不了解创客文化、创客空间的人群进行的专门宣传和推广还较少,这些人走进创客空间的概率就相对要小得多。图书馆的公益性决定了其服务是面向所有公众开放的,在创客空间服务开展之前已经积累了丰富的用户基础和良好的用户口碑,再通过宣传和推广,这些用户极有可能成为图书馆创客空间的潜在用户。因而,与社会化创客空间服务不同的是,图书馆的公益性决定了其创客空间服务更具有普及性,让更多的人了解创客文化,吸引更多读者参与是其重要任务之一,这对创客文化向社会更大范围、更深程度的推广无疑是非常有利的。

2.图书馆的公益性本质更有利于草根创新创业

如前所述,公益性的创客空间为维持运营会收取会员费和一些其他的成本费用。由于图书馆是政府拨款的公益性机构,与社会化的公益性创客空间相比,图书馆创客空间的运营成本相对较低(如场地租赁费是很多公益性创客空间的主要支出,而图书馆一般都会通过馆内空间改造而省去这笔费用),因而会有更多的免费项目,收费项目价格也会相对低廉,从而降低个人加入创新创业行列的门槛,有利于吸引更多的草根创业者加入,更益于个人或初创的小微企业的入驻和发展。由于创业知识、能力、资源、资金等方面的不足,草根创业通常是非常困难的事情,会伴随着大量的失败甚至难以启动,一定程度上也会给个人创新和创业带来负面影响,不利于激发大众的创新热情。从长远来看,图书馆创客空间的低门槛为草根创新创业提供了空间、知识、资源、教育和培训等方面的支持,会给他们带来更多的获得感,因而会吸引更多的人加入创新创业行列,激发更多人的创业热情,反过来也会给图书馆创客空间带来更多的人气,更利于图书馆创客空间的可持续发展。

3.信息资源丰富是图书馆具备的天然优势

只要有创新、创业的需求,就离不开文献信息资源的支持。在科技创新的过程中,从创新项目的确立、创新项目或产品的研发、创新产品的生产到创新成果的应用与转化和市场开发都离不开文献信息的支持。正因如此,一些创客空间在为创客们提供创新服务的同时,也在空间内建立了图书馆,方便创客查阅文献,如奥地利的 Metalab 和美国的 Noisebridge 都建有图书馆,Noisebridge 甚至还建有网上图书馆,提供图书在亚马逊和开放图书馆搜索的网址,以方便创客们查询购买。但是社会化创客空间的图书馆多由志愿者捐赠建立,图书藏量小,品种不全,很难满足创客需求。图书馆经过多年的积累和发展,拥有创客空间图书馆无法比拟的海量馆藏资源,这些资源学科覆盖面广,具有较强的系统性、连续性和完整性。实践中,很多图书馆依托海量馆藏资源和专业的信息人才,开展信息咨询服务,为研究创新、发明创造提供必需的行业资讯、科技报告、产品样本数据、学术论文、技术图表等,提供专利认证许可、知识产权咨询等智力支撑,这些服务无疑也是创客们非常需要的。因此,海量的信息资源加上专业的信息人才必能大大提高图书馆创客空间的软实力。

4.图书馆与创客空间的社会价值具有高度的一致性

创客空间崇尚开放与共享,为志同道合的人们聚在一起进行创意发明提供了空间、资源和服务支持,其社会价值体现在:创客空间为公众提供了平等地参与创新创造的机会、学习和实践的平台;为人们创造力的表现和新思想、新创意的表达提供了开放的环境;满足网络环境下公众的多样化学习需求,基于实践的学习模式提高了公众的创新创业素质和能力,成为新观念、新技术、新产品的源泉,推动了社会的进步和经济的发展。而图书馆的价值主要包括资源价值和社会价值两个方面。信息资源、空间资源、文化资源是图书馆资源价值的基本要素,自由与平等是图书馆社会价值的根本。在现在和未来,图书馆应该担当的主要使命是知识中心、学习中心和文化中心①。创客空间与图书馆的社会价值均体现了知识、学习、分享、创新的核心思想,在本质上是高度趋于一致的,而现代图书馆一直秉承的公益、平等、开放、共享的理念也必将为创客文化的扎根提供很好的土壤。因此,图书馆创客空间是图书馆汲取创客空间文化与理念后进行的知识服务的创新与拓展,是图书馆传统文化与创客文化的深度融合,必然会开辟一种全新的、具有图书馆特色的空间服务模式。

## 二、图书馆创客空间面临的挑战

### 1. 资金来源、收费与公益性的冲突带来的挑战

众所周知,公益性是图书馆的根本属性,是其永恒的价值追求,而不以营利为目的、面向所有公众提供免费的文化服务是图书馆公益性的具体体现。创客空间作为图书馆的创新服务模式,同样应将公益性放在首位。因此,与社会化的创客空间相比,图书馆创客空间只能通过非营利的方式进行运营。但是,我们也看到,公益性的创客空间为维持运营,其资金来源主要有社会捐赠、会员费和一些其他收费项目。图书馆的资金来源主要靠财政拨款,目前还没有专门针对创客空间建设的专项资金,图书馆创客空间要维持其公益性和可持续性,就必须解决运营资金的问题,在具体的实施中,还有一些现实的问题亟待解决,例如是否设立收费项目、该如何收费等还没有一个标准。这些问题如若处理不当,不仅会影响图书馆创客空间的可持续发展,还会对图书馆的社会声誉、公益性走向造成一定的负面影响。因此,建设一个公益性的、能够可持续发展的图书馆创客空间面临着很多现实的、复杂的问题。

---

① 程焕文. 图书馆的价值与使命[DB/OL]. [2017 – 11 – 30]. http://www.chinalibs.net/ArticleInfo.aspx?id = 360907.

2.创客空间初建时教育职能缺失带来的挑战

教育职能是图书馆的重要社会职能之一。与社会化的创客空间不同,图书馆创客空间除了要满足创新、创意和创业者的需求之外,还担负着一定的社会教育职能,即面向社会大众推广和宣传创客文化,实施创客教育、营造创新和创业氛围。而宣传创客文化、营造创新氛围首先必须做到图书馆组织内部的认同,然后才能准确、高效地向外界传递。然而,图书馆创客空间建设才刚刚起步,还处于摸索阶段,馆员对于创客文化、创客空间建设的意义、为读者带来的好处和即将产生的社会效益还没有切实的体验和感受。因此,在图书馆创客空间运营的初期,图书馆会更多地关注空间内部具体活动的开展,而忽略空间所担负的实施创客教育、传播创客文化、激发创新活力的重要任务。教育职能的缺失会在一定程度上削减创客空间对潜在用户的吸引力——对于那些并没有真正理解创客空间和创客文化的人,他们可能在好奇心过后就不再关注。此外,一些公共图书馆的创客空间往往从简单的制作开始,缺少对用户进行创新、创意的引导,对创客文化的进一步阐释以及更高的创意技能的培训,也会导致用户逐渐失去兴趣。

3.创客空间管理和运营带来的挑战

文献信息服务是图书馆的传统服务,即便是21世纪以来图书馆在服务变革中出现的信息共享空间、知识共享空间、学习共享空间等,其主要服务内容还是围绕文献信息提供而进行的拓展,对于以"工具提供""用户自己动手制作""辅助创新、创业"等为特点的创客空间的管理和运营,图书馆还缺乏足够的经验。我们可以看到,在社会化创客空间的管理和运营中,那些以"制造"为特点的创客空间,工具、各类机器的管理、使用、培训等都需要有专业人员全程参与;而以创业辅助、项目孵化为主的创客空间,则需要管理者熟谙企业经营、管理和投资之道;为了给创新创业者提供更多的帮助,在运营中同企业和其他社会机构进行多方合作也是必不可少的。与图书馆的传统服务相比,创客空间服务无疑是相对较为陌生的领域。因此,图书馆创客空间的建设,面临着专业人才和管理经验缺乏的困境,而专业人才的培养和管理经验的积累不是一蹴而就的,需要一个较长的过程。在实践中为了解决这一问题,一些图书馆将创客空间外包给企业来做,由企业进行管理和活动开展。虽然空间的管理和人才问题暂时得到解决,却又面临着业务外包所带来的外包商选择、服务质量评估、学习机会丧失、隐性成本增加等风险。

4. 物理空间改造面临的挑战

创客空间服务内容的不同,对物理空间的要求也会不同。例如,上海新车间、柴火创客空间、Noisebridge 等,这类创客空间以服务创客群体并满足其个性化需求为目标,将创客的奇思妙想和创意转化为现实产品,因而在物理空间的设计上要为创客提供开源硬件平台、实验室、加工车间以及创意思想碰撞交流的空间;而那些侧重于项目或企业孵化的众创空间,在物理空间的设计上则需要为用户提供开放式的办公环境、创业教育和培训辅导场所、交流探讨空间等。传统图书馆的空间设计,是以静为主的阅读空间,近几年图书馆进行的共享空间、学习空间等空间再造,事实上依然是以阅读和研讨为主的个性化阅读空间和容纳人数较少的研讨空间。而创客空间是以"动"为主的空间,在这里,创客们不是单独在行动,交流、研讨、制造、比赛、展示随时在发生。因而创客空间建设所要求的图书馆空间改造是与以往图书馆任何时候进行的空间改造大不相同的,需要图书馆从以阅读为主的空间建设思维中跳出来,按照创客对空间的需求进行规划、设计和改造,这可能会涉及诸多实际问题:如硬件工具空间的隔音问题、空间的面积问题、创客服务和活动对图书馆其他空间的影响等。目前,一些新建馆舍已经提前进行了创客空间的规划,但大部分图书馆是在旧有馆舍的基础上进行的改造,不能完全按照创客空间的需求进行设计,而空间的限制势必对创客空间整体功能的布局和发挥产生影响。

5. 融入当地创业生态圈面临的挑战

图书馆创客空间发展的终极目标,是将自身的资源、能力与本地创业生态圈进行匹配,融入当地创业生态系统,从而为地区经济发展做出贡献,这也是图书馆创客空间可持续发展的必要条件之一。一方面,一个地区是否有浓厚的创业氛围,是否有成熟或活跃的创业生态圈,会直接或间接地影响图书馆创客空间服务的开展效果,尤其是在空间初创时期,成熟的创业生态圈必然会带来对创客空间优质服务的需求,对于尚无经验的图书馆来说无疑会面临巨大挑战;相反在缺乏创业氛围的情况下,在开展创客服务的同时,图书馆还需要花费精力宣传和推广创客服务和创客文化,在营造创业氛围方面显得势单力薄,前期有可能出现"剃头挑子一头热"的情况。另一方面,开展创客服务并不意味着已经能够融入当地创业生态圈,只有将自身的资源、能力与生态圈进行匹配,才能融入整个创业生态系统。一个完整的创业生态圈包括企业、监管机构、行业标准制定机构、司法系统、教育和研究机构等,生态圈内各组织间需要有紧密的相互依存关系,形成资源、技术、能力等方面的互补。因此,图书馆创客空间服务不是单打独斗,需要自觉地与当地创新创业系统紧密联系,需要较长的时间与生态圈内的各组织进行磨合,随环境变化和创业创新需求不断调整和自我完善,从而找准自己的定位,才能成为创业生态系统中不可或缺的部分。这是图书馆创客空间面临的一个长期的挑战。

6. 迅速成长的社会化创客空间带来的挑战

近年来,在我国政府推进"大众创业、万众创新"、培育和催生经济社会发展新动力的背景下,社会化创客空间如雨后春笋般迅速发展起来。从 2010 年上海新车间成为我国第一家创客空间,到 2016 年 9 月,我国已经有创客空间 3155 家,其中科技部认定的国家级众创空间数量就达 1337 家①。这些创客空间为创新创业提供了资源与人力、财务、法律、投资促进、培训辅导、专业服务、创客孵化等全方位的服务,很多创客空间的创办者本身就是成功的企业家或依托于大型企业,他们熟悉企业经营与创新创业之道,创客空间从建立之初就已经与其所在的行业有了特定的联系,更易于打造和提供本行业创新创业所需要的服务项目和内容。相对于一直以来为公众提供文献信息服务的图书馆来说,图书馆创客空间建设无论从硬件设施、物理空间还是配套服务方面与一些成熟的社会化创客空间相比并不占优势。那么,同为创新创业服务,图书馆创客空间应与社会化创客空间建立什么样的关系,是竞争还是合作,还是二者兼而有之? 如果是竞争,如何将创客空间建设成具有图书馆特点的、提供区别于社会化创客空间的特色服务? 如果是合作,应采取什么样的合作方式,如何实现双赢? 这些都是图书馆创客空间建设面临的长久问题,实践中,由于各地情况不同,馆情不同,社会化创客空间的发展情况也各不相同,图书馆与其的关系可能并不仅仅是简单的合作,而会是相互融合、渗透甚至是相互服务。

---

① 刘志阳. 优化创新创业生态环境——全国众创空间发展状况调查报告[EB/OL]. [2017 - 10 - 17]. http://www.bjqx.org.cn/qxweb/n278137c796.aspx.

# 第二节　图书馆创客空间的构建原则

## 一、公益性原则

公益性是图书馆的根本属性,因而公益性原则是图书馆创客空间服务的首要原则。只有保持公益性原则,才能使更多人受益于这一创新服务模式。众所周知,创客空间建设需要花费高额费用购置设备,同时设备维修与更替以及材料的使用也是一笔不小的开支,为维持创客空间的持续运营,涉及收费的项目主要有设备损坏或遗失的赔偿费用以及创客制作产品时的材料成本收费。在公益性原则下,设备损坏或遗失赔偿费用的核定和收取会保持在最低水平,即所收取的费用在用于设备维修或购买后没有节余;而材料成本费则根据图书馆经费情况和所制作的项目不同,会有完全免费、限量免费和全部收费三种方式。在公益性原则下,限量免费从为用户尽可能地节省费用和杜绝浪费两个角度去考虑,而全部收费仅用于材料基本的成本或少量的服务性补偿费用,这两种收费方式中都没有利润。在实际的操作中,随着图书馆创客空间的发展,可能还会涉及一些其他的收费项目。坚持公益性原则不动摇,在维持空间正常运营和可持续发展的前提下,尽量降低收费标准,使用户的创新、创意成本保持在最低水平,是图书馆创客空间建设和发展中需要时刻牢记的准则。公益性原则的秉持可推动图书馆创客空间运营模式的开拓与创新,同时也是对图书馆创客空间拓展多种资金来源渠道、争取政府更大支持、开展更广泛的社会合作、吸纳更多社会力量参与、密切与社会各方联系的运营能力的考验。

## 二、大众创新原则

进入 21 世纪以来,随着移动互联网、物联网以及云计算和大数据技术的成熟,人类迎来了新一轮工业革命。在这种新的经济形态下,精英创新正在转变为大众创新,自主创新不再由少数技术精英、知识精英、企业和科研机构垄断,而是成为无数普通民众的事业。正如克里斯·安德森所言,"创新不再是由世界上最大的公司自上而下地推进,而是由业余爱好者、创业者和专业人士等无数个人自下而上地开拓"①,"草根创业"已成为世界潮流。图书馆作为为普通大众服务的公益性文化机构,在我国政府大力推进"大众创业、万众创新"、培育和催生经济社会发展新动力的背景下,理应承担起激发大众创新活力和积极性、为大众创新提供智力支持的社会责任。因此,所谓的大众创新原则,是指图书馆创客空间提供的实践工具、交流平台和相关服务,不应限制参与者的研究方向和思维模式以及他们某方面的学识水平或研究深度,空间的设计和运营要既有利于精英们的创意交流,更有利于充分挖掘和激发普通大众的无限创意,鼓励、引导和辅助他们将创新、创意付诸实践;图书馆创客空间应成为任何人都可以参与的创新创意社区和平台,而非为少数精英提供服务的专门空间,这是当前的社会大环境所需,也是图书馆的职责和义务所在。

### 三、可持续性原则

可持续性原则,是指图书馆创客空间能够实现可持续发展。目前,从社会化创客空间的发展可以看出,建设一个可持续发展的创客空间需要考虑和完善诸多环节,图书馆创客空间也不例外,需要注意的较为普遍的问题有:一是空间运营的后续资金来源问题,要预先设计多种筹措资金的渠道和办法,这是实现可持续发展的基本保障条件;二是培育和维系有共同兴趣爱好或利益诉求的社群,从而构建一个基于本地创客的开放和协作的创客网络,这是保持创客空间凝聚力并实现可持续发展的前提条件;三是构建线下线上互联互通的融合空间,既重视线下物理空间的基础设施、技术工具和创意活动,还要重视线上服务的开展,实现线上线下活动与服务的并行和互联互通;四是吸纳专业以及背景广泛的专家组成跨界导师,建立灵活的驻场创客机制,为创客提供及时和专业的创新创业辅导,这是提升创客素养,保持创客空间活力的有力保障;五是善于发动和组织以创意创新创业为导向的、针对不同群体的主题创客活动,包括常规活动、大型活动、展示活动、工作坊等,这是营造全社会创新创意氛围、扩大创客空间影响力的有效手段;六是与外界建立联系,广泛吸收各类社会资源,一方面支持创客空间自身的运营,另一方面也为创客创业和创意作品的推广寻求更多支持和渠道;七是能够提供足够的传统工具和开源软硬件制作工

---

① 安德森.创客:新工业革命[M].萧萧,译.北京:中信出版社,2015:42.

具,保证创客能够在空间完成其创意实践①。这 7 个方面的问题在创客空间建设之初并不一定能完全实现,但在后续的运营中需要逐步实现并加以完善。

**四、安全性原则**

安全性原则是图书馆创客空间建设的重要原则,主要包含 3 个方面的内容:一是用户的人身和财产安全;二是用户个人信息安全;三是设备安全。首先,创客空间为满足用户的创意制作需要,提供一定的硬件设施和材料是必不可少的,一些设施使用不当会给使用者带来人身伤害,如激光切割机、电熔枪、台锯、钻床、磨床等设备,操作具有一定的危险性,每一种设备的详细操作流程、使用前的操作培训、专业人员的指导、用户协议中对于安全事项的约定、突发状况的应对措施等,需要图书馆从细节处着手多方面、全方位保障用户人身安全。其次是创客空间的开放性、流动性、共享和互动特征,使得空间的人员流动较大,自由和随意气氛较浓,因此,应有一定的措施规范用户个人财物的携带和个人财物在空间的管理,这看似是小事,但处理不当会严重影响用户在创客空间的体验和空间整体共享氛围。再次是尊重用户个人隐私应作为创客空间用户服务的一项基本政策,未经用户授权不能向第三方公开或透露用户注册资料或保存在创客空间用户平台中的非公开内容,当然也包括对用户在空间制作或创造的产品的知识产权的保护。最后还要尽可能地保证设备的安全,即进行必要的设备维护和更替以保证设备能够正常使用。设备的可用性直接关系到创客的创造和制作成果的成败,因而应定期公布各类设备的运行和使用状态。

## 第三节 图书馆创客空间构成要素

**一、空间**

空间是创客空间开展一切活动的基础,包括线下物理空间与线上虚拟空间。其中,物理空间主要的功能区包括制作区、交流区、展示区、储物区、办公区等,在空间面积不充分的情况下,分区设计应以平面布局为主,以便各区域之间可以互相调整、转换,在提升空间使用率的前提下,保证其开放性和灵活性;虚拟空间的主要功能为

---

① 宋述强,等.创客教育及其空间生态建设[J].现代教育技术,2016,26(1):13-20.

公告发布、资源共享、线上活动开展、线上互动交流等。

1. 物理空间

物理空间是创客开展创意创造活动的一个多功能空间,它为人们提供工具、设施和材料,人们可以在这里参加培训课程、聚会、开展项目和竞赛,甚至可以寻找灵感,开展项目合作。这里既有安静的学习空间和实验空间,也有让创客团队或创客之间能够开展讨论或现场合作的互动空间。动静结合、方便实用、易于交流而又充满创新创意氛围是物理空间的基本特征。

(1)制作区

1)制作区的划分

制作区是创客空间的主要区域,也是最引人注目的区域,是创客使用工具和设备创造作品的场地。制作区根据制造工具和产品所属专业的不同,常常划分为不同的工作区域,即工作坊。常见的工作坊有金属工坊、木工工坊、电子工坊、织造工坊、软件工坊、多媒体工作坊、计算机工作站等。各工作坊的划分和设备的摆放以方便和不影响其他区域创客工作为原则,如创客空间设备和工具较少,尤其是以桌面制造工具等小型工具为主的情况下,可将不同工具分布在同一区域不同的位置,即只设置一个主工作区。由于很多作品的前期研究、设计都是通过计算机来完成的,一些制作工具也需要计算机的支持,如3D打印机等,因此,制作区应配备公用计算机,即计算机工作站的设置是必不可少的。在实践中,由于各创客空间开展服务项目的不同,关注的专业或行业不同,制作区的划分也较为灵活并各有特色。事实上,制作区所涉及的专业或行业受图书馆经费、场地面积、所服务区域的文化、经济、地方产业、当地大众创新需求所热衷的领域影响,目前图书馆的创客空间还没能涵盖所有领域。

2)制作区的面积

在图书馆创客空间总体面积允许的情况下,制作区的面积与拟摆放的设备、工具、制作的作品规模以及希望容纳多少人在空间共同工作有关,这些因素需要综合考虑,尤其是工具和设备的尺寸需要预先知道,不同设备或工具的摆放和所占面积还要考虑使用时的安全问题。

3)制作区的强电改造

由于图书馆创客空间多为在旧有空间上进行的改造,不同设备和工具的用电功率也各不相同,可能会带来图书馆强电方面的改造,这是空间规划时应该预先考虑的。

4）制作区的通风和隔音

3D 打印机、电烙铁、激光切割机等在使用时通常会产生一定的烟雾或刺鼻气味，一些机床如铣床还会产生碎屑，因此，制作区应安装通风系统或空气过滤系统。设备使用时产生的噪声是难以避免的，除考虑对空间其他区域的影响外，还要考虑对整个图书馆阅览区等公共区域和办公区的影响。如果通风和隔音问题不能很好地解决，相应的设备是否购置就要慎重考虑。

图 3 - 1　广州图书馆创客空间的制作区①

图 3 - 2　加拿大戴尔豪斯大学图书馆仅提供 3D 打印与 3D 扫描的创客空间制作区②

---

① 张江顺. 城市的创客空间与创新平台——广州图书馆创客空间案例[DB/OL]. [2017 - 12 - 07]. http://www. chinalibs. cn/ArticleInfo. aspx?id = 411221.

② PRODOEHL P. Milwaukee makerSpace library[EB/OL]. [2017 - 12 - 07]. http://www. publiclibrariesnews. com/practitioners/3d-printers-and-maker-spaces-in-libraries/2644-2.

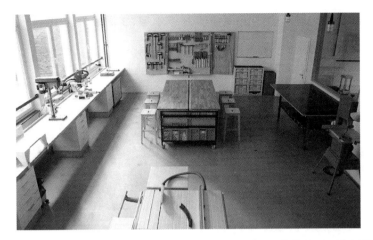

图 3 - 3　德国创客空间木工学院（Woodwork Academy）的木工工作区①

图 3 - 4　美国港口城市（Port City）创客空间的木工工作区②

（2）交流空间

交流空间包括多功能厅、小型会议室、休闲区域、体验区等。其中，多功能厅用来召开大型研讨会、交流会或进行项目路演；小型会议室用来进行创客间小范围的交流和活动举办，同时也能够为创客团队提供较为私密的合作与洽谈空间；休闲区域不仅仅是休息和进行身心放松的地方，也是创客们进行非正式学习的地方，更是不同创客间相互认识、聚会、交流创意灵感的必备空间；体验区主要设置一些简单易

---

①　Woodwork Academy. Working with wood—a Beginners' Workshop［EB/OL］.［2017 - 12 - 18］. http://woodworkacademy. berlin/working-with-wood/.

②　Port City Makerspace. Wood Working［EB/OL］.［2017 - 12 - 18］. http://www. portcitymakerspace. com/the-shop/woodworking/.

学的制作项目,让初次进入空间的人体验制作乐趣,了解创客文化。

图3-5　太原理工大学胜溪创领众创空间休闲学习区①

图3-6　英国制造空间(Makespace)黑客交流区②

交流空间是创客空间设计中不可忽视的区域。虽然通信设备和互联网的快速发展使人们在线的交流越来越方便和快捷,但面对面的交流方式更能增加人与人之间交流的情感因素,更易互动与融合。实践中,图书馆创客空间可能并不具备足够的面积设置所有这些区域,解决的办法有:一是可以采取与图书馆其他空间共用的方式,如几乎每个公共图书馆都建设有多功能厅,对于一些大型创客会议或项目路

①　任静,赵泉. 为大学生创客插上逐梦之翼——走进山西太原理工大学现代科技学院"胜溪创领"众创空间[J]. 经济视野,2017(8):112-114.

②　ALEX G. SimPrints hack night[EB/OL]. [2019-04-15]. https://secure. meetupstatic. com/photos/event/7/f/e/2/highres_434912738. jpeg.

演完全可以在已有的多功能厅举办。二是通过活动隔断、桌椅等将空间设置成可以灵活快捷分割的模式,不同时间同一空间可以发挥不同的功能,很多小型创客空间都采用这种模式来克服空间面积不足的问题。三是丰富的空间元素布置能够让空间发挥更多作用,如休闲空间摆放专业书籍或检索用电脑,使其增加学习和查阅文献的功能;小型会议室也可以临时用来为入门级创客开办桌面制作类培训等。

图 3-7 一起开工社区的小型会议室①

图 3-8 一起开工社区的小型会议室②

---

① 一起开工社区.线下空间[EB/OL].[2017-12-15].http://www.yi-gather.com/images/display/im22.jpg.

② 一起开工社区.线下空间[EB/OL].[2017-12-15].http://www.yi-gather.com/images/display/im23.jpg.

（3）展示区

展示区主要用于展示创客已经完成的作品、项目以及目前开展的活动，可布置在整个创客空间的前端，即入口附近。展示区通过设置展示桌、陈列柜（架）等来展

图3-9　一起开工社区入口的项目展示区①

图3-10　柴火创客空间的体验区与展示区②

①　一起开工社区.线下空间［EB/OL］［2017-12-15］. http://www.yi-gather.com/images/display/im26.jpg.

②　柴火创客空间.柴火创客空间简介［EB/OL］.［2017-12-15］. http://www.chaihuo.org/about/introcn.

示已经完成的实体作品,也可以通过展示墙,以照片、图画的形式展示已经完成的项目或正在进行的活动。有些创客空间通过张贴海报的形式展示创客们的新创意,或展示已完成优秀作品或项目的创客照片。展示区不仅会吸引新创客的目光,也能给老创客带来创意和灵感,有助于营造浓厚的创客氛围。

（4）储物区

储物区的功能主要有 3 个方面:一是用来放置小型工具、零件和材料,通常放在人们易于拿到的地方,而不是单独设立仓库。例如,把电子元器件在电子工作坊的储物架上或工作台(桌子)的抽屉中进行分类存放,除了取用方便外能随时掌握其库存;小型的手工工具可以成排挂在工作区域墙上或开放壁柜上,既节省空间又方便取用等。也可以考虑设计可推拉移动的分类储物柜,能在工作区随意移动,不仅取用物品较为方便,必要时这些可移动的储物柜还能起到隔断的作用。二是为创客提供还未制作完成的项目的存放空间。一些创客空间要求用户在暂时不使用工作台时需将自己的作品搬离,以方便其他人使用工作台,但有些作品并不能一次完成,在设计制作区时为这些未完成的项目提供一定的存放空间则可以大大方便创客。三是创客私人物品的存放空间,可考虑在入口处设计存包柜。

图 3-11　巴尔的摩创客空间放置手持工具的活动钢丝架①

---

①　Baltimore Hackerspace. About[EB/OL]. [2017-12-18]. http://baltimorehackerspace.com/about-baltimore-hackerspace/.

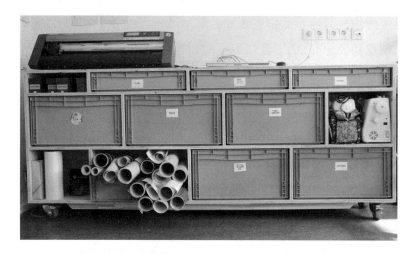

图 3 - 12　柏林 Fab Lab 纺织—电子实验室可移动储物柜①

图 3 - 13　Noisebridge 电子实验室的电子元器件箱②

---

① Fab Lab Berlin. Textile & Electronics Lab [EB/OL]. [2017 - 12 - 18]. https://wiki. fablab. berlin/index. php/File:Textile_vinyl. jpeg.

② Noisebridge. Left work bench [EB/OL]. [2017 - 12 - 18]. https://www. noisebridge. net/wiki/ File:ComponentBins. JPG.

图 3 - 14　德国 Woodwork Academy 木工区的储物柜①

图 3 - 15　上海新车间的工具墙②

（5）办公区

办公区是指为入驻创业团队提供的办公空间,包括按工位区分的公共办公区域和为个人或小型团队提供的独立办公空间。办公空间的布置主要包括办公桌、Wi-Fi覆盖、打印机等常用办公设备,可免费查阅图书馆电子文献,设置相关的图书专架,为创业团队提供智力支撑。

————————

①　Woodwork Academy. Working with wood—a beginners' workshop[EB/OL].[2017 - 12 - 18]. http://woodworkacademy. berlin/working-with-wood/.

②　孙哲. 新车间:为房租发愁的创客潜行者[EB/OL].[2017 - 12 - 18]. http://www. thepaper. cn/newsDetail_forward_1736729.

（6）物理空间中的创意元素

将创意元素融入空间设计中，不仅能够提高创客们的工作热情，使其心情舒畅，还能激发灵感，驱动创新。因此，物理空间中的创意元素设计不可小觑，它可以有效传达创客空间的理念和其关注的主要领域，是创客们进入空间后直观感受创客精神的重要元素。物理空间的创意元素可以体现在很多方面，如家具样式、墙面图案、标识、作品或项目展示区，由废弃物品制作的艺术品展示，甚至是空间墙上创客们自己的"涂鸦"、由创客自己动手制作的家具等，不需要昂贵的材料和复杂的设计，只需要体现创客精神，传达创新创意理念。

图 3 - 16　旧金山创客工坊 TechShop 的标识①

---

① 王星. 探访美国创客空间之 TechShop：商业化的迷你工厂［EB/OL］.［2018 - 01 - 04］. http://microchip.eefocus.com/article/id-326684.

图 3 - 17　和林格尔大数据创客中心电脑主板铺就的情怀展示墙①

图 3 - 18　一起开工社区的创意墙②

---

① 钦柏. 探寻内蒙古发展密码, 感受北疆现代民营企业不羁情怀[EB/OL]. [2018 - 01 - 04]. http://politics. gmw. cn/2017-07/15/content_25089880. htm.

② 一起开工社区. 线下空间[EB/OL]. [2018 - 01 - 04]. http://www. yi-gather. com/pages/home/member. html

图 3 – 19　一起开工社区活动场所标语①

2. 虚拟空间

虚拟空间是指基于互联网的网络空间,是创客空间进行公告发布、资源共享、线上活动开展、线上互动交流、创客空间服务宣传等的主要场所,是创客空间建设必不可少的要素之一。目前,社会化创客空间的虚拟空间主要有空间网站、微博、微信公众号、维基主页、推特、相约网(Meetup)、活动行等。图书馆创客空间的虚拟空间则主要为图书馆网站、微博、微信公众号等。开辟形式多样的虚拟空间有利于创客空间服务的宣传,有利于将创客活动及时送达,吸引更多公众参与。以下是对一些非营利性创客空间的虚拟空间部分功能的总结,图书馆创客空间的虚拟空间建设可以以此作为参考。

(1)活动发布

创客空间的线上活动发布往往同时通过多种线上平台进行,如空间网站、微博、微信、活动行(http://www. huodongxing. com/)等,国外如 Meetup(https://www. meet-up. com/)、推特以及创客空间的维基主页等。通常情况下,除了发布最新的活动,一些创客空间会将所有活动(包括已经举办、正在进行和即将举办的活动)以日历的形式在网站上进行展示,使人一目了然。

---

① 一起开工社区. 线下空间［EB/OL］.［2018 – 01 – 04］. http://www. yi-gather. com/pages/home/member. html

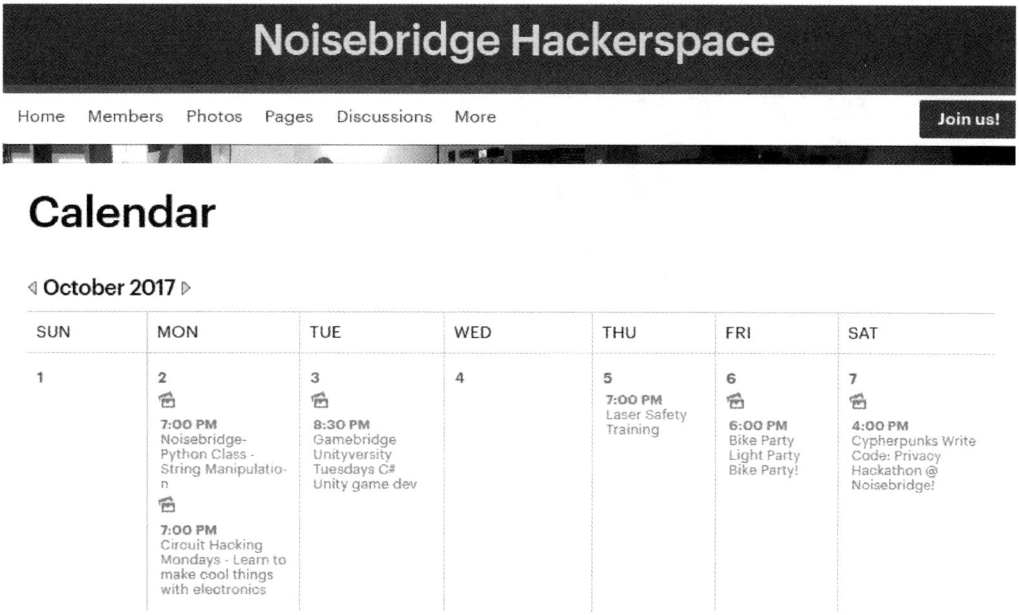

图 3-20 美国创客空间 Noisebridge 在 Meetup 上发布的活动日历①

图 3-21 柴火创客空间在其微博主页上发布的活动公告②

---

① Noisebridge. Calendar-October 2017 [EB/OL]. [2017-12-19]. https://www. meetup. com/noisebridge/events/calendar/2017-10/.

② 柴火创客空间. 深圳制汇节 [EB/OL]. [2017-12-19]. https://weibo. com/chaihuomakerspace?is_all=1.

图 3 – 22　柴火创客空间在活动行上发布的活动公告①

图 3 – 23　创业公社在其微信平台上发布的活动

---

① 柴火创客空间. Abi 聚会 | 用自然语言开发 VR 游戏[EB/OL]. [2017 – 12 – 19]. http://
www. huodongxing. com/event/1418299943800.

（2）创客交流与互动

毫无疑问,微博、微信公众号的留言功能是创客之间以及创客与空间进行交流和互动的很好的平台。除此之外,一些创客空间还在网站开辟了创客留言板或论坛,用来发布创客的项目需求、资源公告,或对感兴趣的话题发起讨论、对相关活动表达自己的意见或建议等。例如,柴火创客空间在其网站上开设了需求公告板和资源公告板,创客在需求公告板发布关于项目技术、资源、材料、资金等的需求,寻求其他创客的帮助和合作;而资源公告板则正好相反,是个人或团队发布的能够提供的项目技术、人员等方面的资源公告,有助于创新创业者各取所需,促成合作。

图 3 - 24　柴火创客空间的需求和资源公告板①

---

① 柴火创客空间. 资源公告板［EB/OL］. ［2017 - 12 - 19］. http://www.chaihuo.org/board/provide.

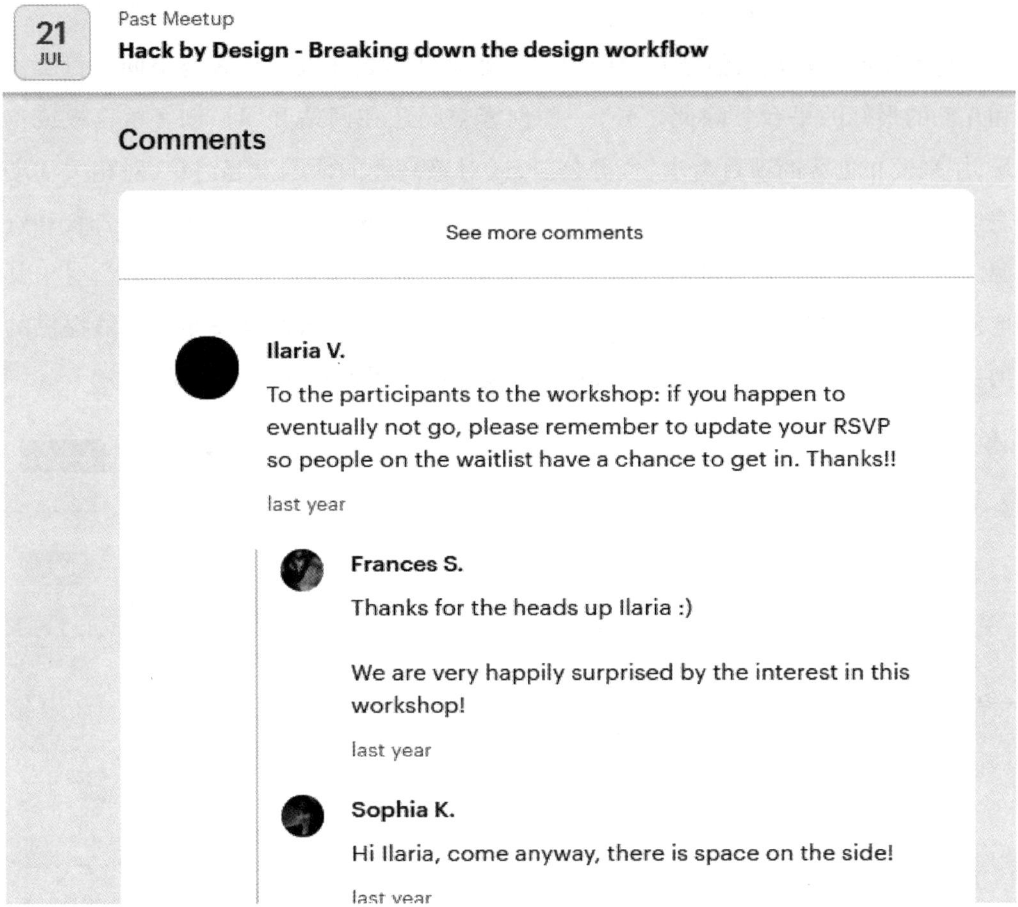

图 3 - 25　Noisebridge 在活动公告页面开设的用户留言板①

（3）设备信息或状态公告

公布空间各个区域配备的设备或工具清单、详细说明、使用手册、购买网址、当前状态以及其他相关情况。例如，Noisebridge 在其设备列表中链接了一些设备和小零件的购买网址，上面不仅有价格信息，还有详细的技术参数；对于一些需要装配的设备，甚至给出一些创客在论坛上的购买和装配经验。

---

① Noisebridge. Hack by design—breaking down the design workflow[ EB/OL]. [2017 – 12 – 19]. https：//www. meetup. com/noisebridge/events/232258470/.

**Grundriss - Hauptraum - Küche - Bibliothek - Lounge -**

Ein Platz zum Selberbasteln von Open Source Hardware. Ziel ist es, dass mer
kann :) Daher der Name: **WhateverLab**.

# Provides

- Treffpunkt für Elektronikbegeisterte mit Interesse fuer Microcontroller, FPG
  Elektronik Jour Fixe
- High-Tech Eigenproduktion
- Liste von Projekten

## Verfügbare Infrastruktur

- etwa 40m² Raum
- Policies:
    - Projektboxen, temporärer Storage für Arbeiten
    - Crapbox, Arbeitsflächenbefreiung für alle!
    - Lost&Found-Box
- eine paar unserer Maschinen
    - Ein Profi-Lasercutter zum Schneiden von Acryl, Holz, Karton, usw.
    - RepRap, Ultimaker: Open Source 3D Drucker
    - Vinylplotter (+ TShirt-Presse) für das schneiden von Papier, Sticker, Fl
    - auch SMD im Ofen löten ist möglich
- Sehr umfangreiches Bauteilsortiment zu Selbstkostenpreisen: Widerstaen
  buchsen, usw.
- Schraubensortiment
- Oszilloskope
    - Fluke PM3384A Oscilloscope 100MHz Digital
    - HP54645D Mixed-Signal Oscilloscope 100MHz Digital
    - Philips PM3055 60 MHz Oscilloskope
    - Rigol DS1052E 50MHz | 1GSa/s | 1Mpts Oscilloscope

图 3 - 26　Metalab 网站公布的硬件实验室部分设备列表①

---

① 　Metalab. WhateverLab[ EB/OL ]. [ 2017 - 12 - 19 ]. https：//metalab. at/wiki/WhateverLab.

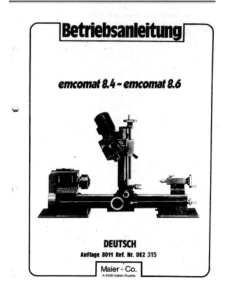

图 3 - 27　Metalab 网站公布的设备使用说明书 PDF 文件封面①

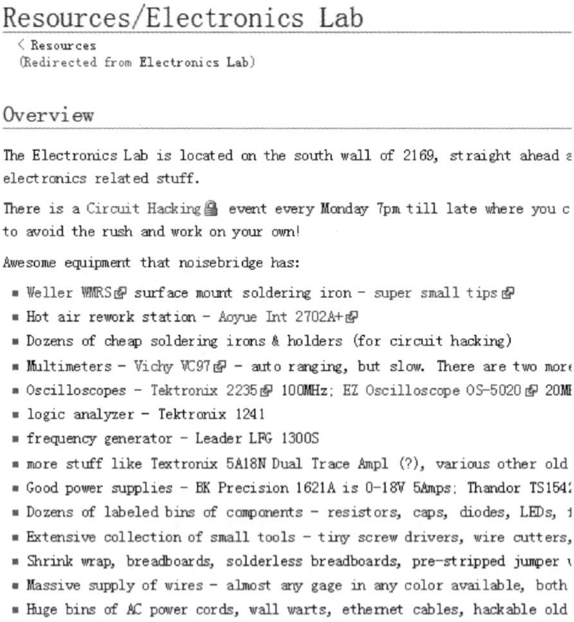

## Resources/Electronics Lab

‹ Resources
(Redirected from Electronics Lab)

### Overview

The Electronics Lab is located on the south wall of 2169, straight ahead a electronics related stuff.

There is a Circuit Hacking🔒 event every Monday 7pm till late where you c to avoid the rush and work on your own!

Awesome equipment that noisebridge has:

- Weller WMRS⚲ surface mount soldering iron – super small tips⚲
- Hot air rework station – Aoyue Int 2702A+⚲
- Dozens of cheap soldering irons & holders (for circuit hacking)
- Multimeters – Vichy VC97⚲ – auto ranging, but slow. There are two mor
- Oscilloscopes – Tektronix 2235⚲ 100MHz; EZ Oscilloscope OS-5020⚲ 20M
- logic analyzer – Tektronix 1241
- frequency generator – Leader LFG 1300S
- more stuff like Textronix 5A18N Dual Trace Ampl (?), various other old
- Good power supplies – BK Precision 1621A is 0-18V 5Amps; Thandor TS154
- Dozens of labeled bins of components – resistors, caps, diodes, LEDs, 1
- Extensive collection of small tools – tiny screw drivers, wire cutters,
- Shrink wrap, breadboards, solderless breadboards, pre-stripped jumper
- Massive supply of wires – almost any gage in any color available, both
- Huge bins of AC power cords, wall warts, ethernet cables, hackable old

图 3 - 28　Noisebridge 网站公布的电子实验室部分设备列表②

---

① Metalab. Datei：drehbank betriebsanleitung［EB/OL］. ［2017 - 12 - 19］. https：//metalab. at/wiki/images/0/03/Drehbank_Betriebsanleitung. pdf.

② Noisebridge. Resources/electronics lab［EB/OL］. ［2017 - 12 - 19］. https：//www. noisebridge. net/wiki/Electronics_Lab.

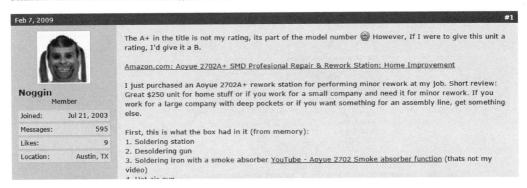

图 3 - 29　Noisebridge 在其设备"热风返修台"上链接的网友贴出的装配攻略

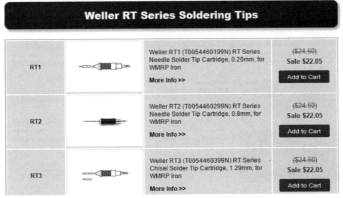

图 3 - 30　Noisebridge 在表面贴装烙铁上链接的系列烙铁头的购买网址①

---

① Test Equipment Depot. Weller RT series soldering tips［EB/OL］.［2017 - 12 - 20］. http://www. testequipmentdepot. com/weller/accessories/tips/rt-tips/index. htm.

图 3 – 31　美国安克雷奇（Anchorage）创客空间网站简明扼要的提供工具列表①

（4）发布会员信息

为方便会员交流或吸纳更多会员加入，一些创客空间在征得会员同意的情况下会在空间网站上公布资深会员（包括空间创办者、管理者）的信息，如照片、爱好、特

图 3 – 32　美国 Port City 创客空间在其网站对会员泰勒·沙特（Tyler Sauter）等人的介绍②

---

①　Anchorage Makerspace. TOOLS［EB/OL］.［2012 – 12 – 20］. http://www. anchoragemakerspace. com/about-2/.

②　Port City Makerspac. Meet the members!［EB/OL］.［2017 – 12 – 20］. http://www. portcitymakerspace. com/the-shop/member-bios/.

长、成为会员的时间、社交账号或其他联系方式等，也有的创客空间通过社交网站主页如 Meetup，让会员自发填写可以公开的信息，方便新会员能够在这里快速找到志同道合的人。

makespace
Members
Who do you know here?
Log in with Facebook to find out who you know in this Meetup.
By clicking "Log in", you confirm that you accept our Terms of Service & Privacy Policy
All members (2,163)
The Leadership Team (93)
Cambridge, United Kingdom
Founded Jul 1, 2010
About us...
Makers 2,163
Group reviews 67
Upcoming Meetups 57
Past Meetups 2,268
Our calendar
Sort by:
Connection to you
Name
Date joined
Find a member:
Chloe T.
Joined April 25, 2016
"Freelance filmmaker mainly TV director. www.chloethomas.net Credits: Horrible Histories, Angelo's, Hetty Feather. New to Cambridge."
G S.
Joined November 25, 2017

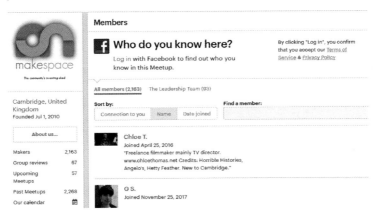

图 3－33　英国创客空间 Makespace 在 Meetup 上的会员信息①

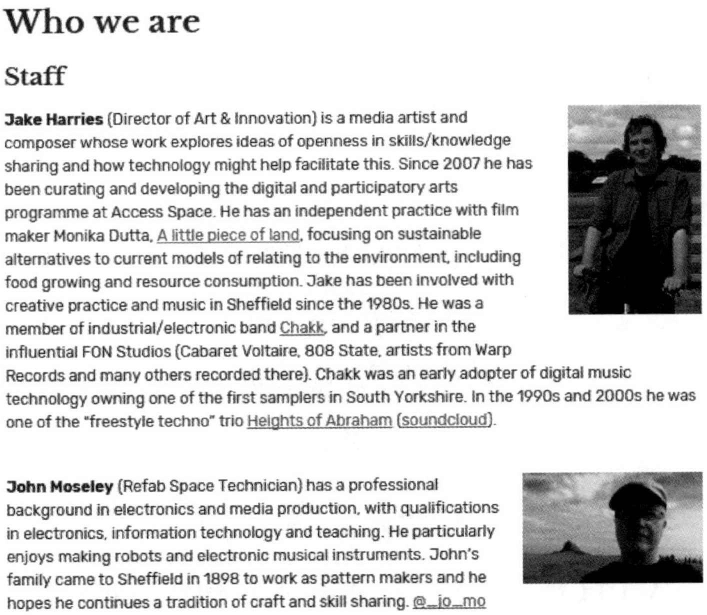

Who we are
Staff
Jake Harries (Director of Art & Innovation) is a media artist and composer whose work explores ideas of openness in skills/knowledge sharing and how technology might help facilitate this. Since 2007 he has been curating and developing the digital and participatory arts programme at Access Space. He has an independent practice with film maker Monika Dutta, A little piece of land, focusing on sustainable alternatives to current models of relating to the environment, including food growing and resource consumption. Jake has been involved with creative practice and music in Sheffield since the 1980s. He was a member of industrial/electronic band Chakk, and a partner in the influential FON Studios (Cabaret Voltaire, 808 State, artists from Warp Records and many others recorded there). Chakk was an early adopter of digital music technology owning one of the first samplers in South Yorkshire. In the 1990s and 2000s he was one of the "freestyle techno" trio Heights of Abraham (soundcloud).
John Moseley (Refab Space Technician) has a professional background in electronics and media production, with qualifications in electronics, information technology and teaching. He particularly enjoys making robots and electronic musical instruments. John's family came to Sheffield in 1898 to work as pattern makers and he hopes he continues a tradition of craft and skill sharing. @_jo_mo

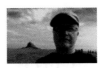

图 3－34　英国存取空间（Access Space）在其网站上对主要成员的介绍②

① Makespace. Members [EB/OL]. [2017－12－20]. https://www.meetup.com/Makespace/members/.

② Access Space. Who we are [EB/OL]. [2017－12－21]. http://access-space.org/about-2/who-we-are/.

(5)捐赠信息发布

对于非营利性的创客空间来讲,会员收入和捐赠(包括购买空间产品、实物或货币捐赠)是其主要资金来源,因此会在网站开辟专门版块用以公布接受捐赠的信息,如在线捐款方式、免税信息、空间在售产品目录、相关注意事项以及捐赠机构和捐赠者名单等。如图 3-36 为美国创客空间 Noisebridge 网站上发布的在线捐款方式,图 3-37 为捐赠付款页面,包括付款方式、近期捐赠者名单以及在售项目。

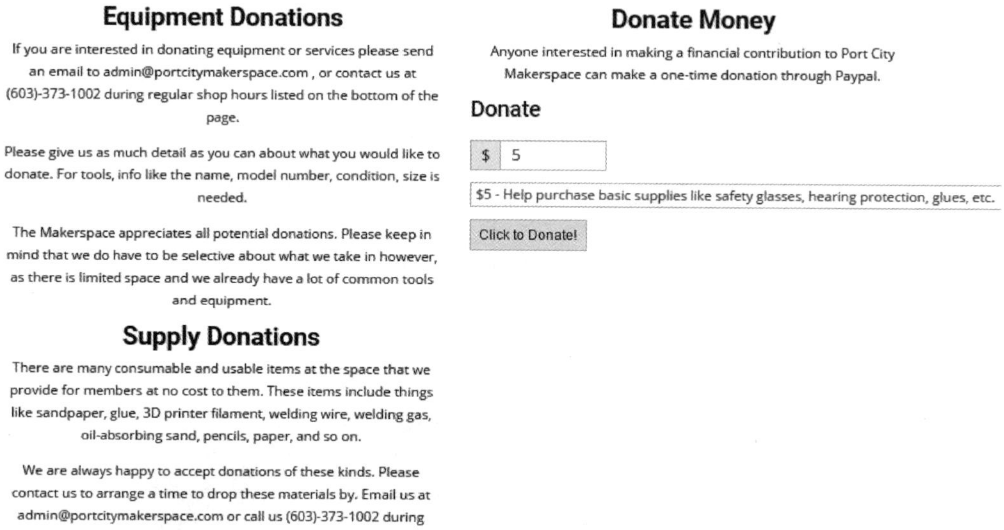
Equipment Donations
If you are interested in donating equipment or services please send an email to admin@portcitymakerspace.com , or contact us at (603)-373-1002 during regular shop hours listed on the bottom of the page.
Please give us as much detail as you can about what you would like to donate. For tools, info like the name, model number, condition, size is needed.
The Makerspace appreciates all potential donations. Please keep in mind that we do have to be selective about what we take in however, as there is limited space and we already have a lot of common tools and equipment.
Supply Donations
There are many consumable and usable items at the space that we provide for members at no cost to them. These items include things like sandpaper, glue, 3D printer filament, welding wire, welding gas, oil-absorbing sand, pencils, paper, and so on.
We are always happy to accept donations of these kinds. Please contact us to arrange a time to drop these materials by. Email us at admin@portcitymakerspace.com or call us (603)-373-1002 during
Donate Money
Anyone interested in making a financial contribution to Port City Makerspace can make a one-time donation through Paypal.
Donate
$ 5
$5 - Help purchase basic supplies like safety glasses, hearing protection, glues, etc.
Click to Donate!

图 3-35　美国 Port City 创客空间的设备捐赠和捐款接收页面①

It's easy!
VISA
MasterCard
OR
PayPal
BANK
Click one of these buttons!

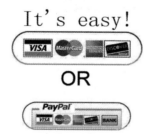

图 3-36　Noisebridge 网站上发布的在线捐款方式②

① Port City Makerspac. Ways to help out our community space[EB/OL]. [2017-12-21]. http://www.portcitymakerspace.com/help-out/.

② Noisebridge. Donate or pay dues[EB/OL]. [2017-12-21]. https://www.noisebridge.net/wiki/Donate_or_Pay_Dues.

**Noisebridge: a hackerspace needs your help!**

## Make a donation

Credit Card　Bitcoin

Donation　Powered by **stripe**

$10　▼

Card number　MM / Y　CVC

☐ Recurring donation on a monthly basis

**Email**

edward.snowden@eff.org

**Name**

Edward Snowden

☐ I wish to be anonymous

Donate

## Recent donations

1. Andrew Koerner - $160
2. Jamie - $80
3. Caruso Company - Wells Fargo Vision - $500
4. All Hands Active - $128
5. zak z - $10

## Current projects

1. Dcddv - $60
2. Beer - $9
3. Spec - $40
4. Paint - $80
5. Axidraw - $222
6. Thomas J Shutt Memorial Foundation - $1,966
7. Ember - $40
8. Prusa I3 - $20
9. Smd Rework - $40
10. Lockers - $20
11. Sewing - $310
12. Laserbridge - $205
13. Club Mate - $966
14. Bug Zapper - $10

图 3 - 37　Noisebridge 捐赠付款页面①

## 二、工具

空间环境准备好了,就可以着手准备实现创客梦想的工具和材料了。考虑到图书馆的整体环境,应尽量选择桌面或手持工具。除此之外,还要考虑添加消防设施、空气过滤器、眼罩、急救箱、清洁工具等附属设备。

1. 3D 设计、扫描、打印设备和材料

3D 打印,是一种以数字模型为基础的快速成型技术,改变了传统的制造业模式,让人们在桌面就能轻而易举制造出各种物品。3D 打印相关设备亦成为创客空间的"标配"。通常 3D 设计、扫描和打印区配备的主要工具包括:3D 设计图形工作站(安装有 3D 设计软件)、3D 扫描仪、3D 打印机,另需购买 3D 打印机耗材。其中,不同品牌、不同型号的 3D 打印机其成型尺寸和支持的打印材料也各不相同,并且随着成型

---

① Noisebridge. Noisebridge:a hackerspace needs your help! [EB/OL]. [2017 - 12 - 21]. https:∥donate. noisebridge. net/.

尺寸的加大、精度的提高,价格也会有相应的提升。表3-1是国内某品牌不同型号3D打印机的部分规格参数,这些参数可作为选购时的参考(按价格由低到高排序),表3-2为常用3D打印机耗材,图书馆可根据实际情况选择。

**表3-1 某品牌3D打印机的部分规格参数**

| 型号 | 机器尺寸(mm) | 机器重量(kg) | 成型尺寸(mm) | 支持材料 | 层厚(mm) |
|------|------------|------------|------------|---------|---------|
| A4 | 432×395×418 | 17 | 150×150×150 | PLA/TPU | 0.1—0.3 |
| Z603S | 480×365×420 | 15.5 | 280×180×180 | PLA/ABS | 0.1—0.3 |
| A7 | 455×510×412 | 21 | 240×220×220 | PLA/ABS/TPU | 0.05—0.3 |
| A8 | 740×560×720 | 32 | 350×250×300 | PLA/ABS/TPU/木质/PA/PC | 0.05—0.3 |

**表3-2 常用3D打印耗材及其特点**

| 材料种类 | | 特点 |
|---------|---------|------|
| 工程塑料 | ABS材料 | 热塑性工程塑料,具有强度高、韧性好、耐冲击、颜色种类多等优点,应用范围几乎涵盖所有日用品、工程用品和部分机械用品 |
| | PA材料 | 强度高,柔韧性好,可以直接利用3D打印制造设备零件 |
| | PC材料 | 具有强度高、耐高温、抗冲击、抗弯曲的优点,可作为最终零部件使用。但颜色单一,仅有白色 |
| | PPSF材料 | 是热塑性材料里面强度最高,耐热性最好,抗腐蚀性最高的材料,广泛用于航空航天,交通工具及医疗行业。通常作为最终零部件使用,可代替金属和陶瓷 |
| | PEEK材料 | 是一种具有耐高温、自润滑、易加工和高机械强度等优异性能的特种工程塑料,可制造加工成各种机械零部件 |
| | EP材料 | 即弹性塑料,柔韧性好,变形后易复原,可用于打印可穿戴物品 |
| | ENDUR材料 | 由斯特塔西公司Stratasys公司推出的全新的3D打印材料,具有高强度、柔韧度好和耐高温的特点,用于打印运动部件、咬合啮合部件以及小型盒子和容器 |
| | TUP材料 | 由3D打印服务提供商雕刻公司Sculpteo研制的重量轻、高弹性的新型材料,可用于打印较为复杂的形状 |
| | HIPS | 即抗冲击性聚苯乙烯,综合性能弱于ABS和PC,具有酸溶性,常用作ABS打印模型时的支撑材料 |

续表

| 材料种类 | | 特点 |
| --- | --- | --- |
| 生物塑料 | PLA 材料 | 一种新型的生物基及可再生生物降解材料,使用后能被自然界中的微生物分解为二氧化碳和水,有利于环境保护 |
| | 水溶性 PVA | 具有水溶性特点,主要用于配合 ABA 及其他材料做打印支撑使用 |

### 2.机械加工设备

创客空间常见的机械加工设备有钻床、铣床、车床、磨床、镗床等,受空间面积所限,多选用台式或小型加工设备。

#### (1)钻床

钻床指主要用钻头在工件上加工孔的机床,可钻通孔、盲孔,更换特殊刀具后可扩孔、锪孔、铰孔或进行攻丝等加工。根据用途和结构主要分为以下几类:立式钻床,工作台和主轴箱可以在立柱上垂直移动,用于加工中小型工件;台式钻床,安装在钳工台上使用,常用来加工小型工件的小孔等;摇臂式钻床,主轴箱能在摇臂上移动,摇臂能回转和升降,工件固定不动,适用于加工大而重和多孔的工件;铣钻床,工作台可纵横向移动,钻轴垂直布置,能进行铣削的钻床。其他还有深孔钻床、中心孔钻床和卧式钻床等。其中创客空间常用种类为台式钻床、立式钻床以及铣钻床。

最大钻孔直径（mm）：12.7
机身尺寸（mm）：250×300×1037
主电机功率（W）：370
净重（kg）：86

图 3-38　台式钻床

最大钻孔直径（mm）：25
机身尺寸（mm）：980×807×2302
主电动机功率（W）：2200
净重（kg）：1050

图 3-39　立式钻床

（2）铣床

铣床是用铣刀对工件进行铣削加工的机床，能够铣削平面、沟槽、轮齿、螺纹和花键轴以及比较复杂的型面。按布局形式和适用范围分为升降台铣床、龙门铣床、单柱/单臂铣床、仪表铣床、工具铣床等。其中升降台铣床又分为成能式、卧式和立式等，主要用于加工中小型零件。图3-40为某品牌的小型钻铣床及其部分技术参数。

最大钻孔直径（mm）：50
最大端铣直径（mm）：10
最大立铣直径（mm）：25
最大镗孔直径（mm）：120
机身尺寸（mm）：1100×1100×2080
主电机功率（W）：2200
净重（kg）：300

图3-40　某品牌的小型钻铣床及其部分技术参数

（3）车床

车床是主要用车刀对旋转的工件进行车削加工的机床，分类普通车床、自动车床、转塔和回转车床、仿形车床、立式车床，其中普通车床主要由手工操作，生产效率低，适用于单件、小批量生产。图书馆创客空间可根据需要选择体积较小的微型车床。图3-41为某品牌微型车床及其部分技术参数。

最大加工尺寸（mm）：250
机身尺寸（mm）：560×270×170
主电机功率（W）：140
重量（kg）：12

图3-41　某品牌微型车床及其部分技术参数

（4）磨床

磨床是利用磨具对工件表面进行磨削加工的机床,根据磨削的表面不同分为用于磨削圆柱形和圆锥形外表面的外圆磨床、用于磨削圆柱形和圆锥形内表面的内圆磨床、用于磨削圆柱形表面的无心磨床、用于磨削工件平面的平面磨床、用于加工各种圆柱形孔的珩磨机以用于磨削工具的工具磨床等。图3-42为某品牌手动精密平面磨床及其部分技术参数。

最大磨削尺寸（mm）：150×350
机身尺寸（mm）：1200×1150×1980
砂轮转速（rpm）：2800
主电机功率（W）：1500
重量（kg）：850

图3-42　某品牌手动精密平面磨床及其部分技术参数

（5）镗床

镗床是用镗刀对工件已有的预制孔进行镗削的机床,分为卧式镗床、落地镗铣床、金刚镗床和坐标镗床等类型。其中卧式镗床是应用最多、性能最广的一种镗床,适用于单件小批量生产和修理车间。图3-43为某品牌卧式镗床及部分技术参数。

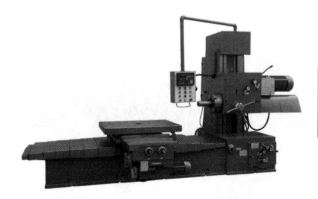

最大镗孔直径（mm）：300
工作台尺寸（mm）：1000×800
主电机功率（W）：5500
重量（kg）：8

图3-43　某品牌卧式镗床及部分技术参数

（6）数控机床

随着计算机技术的不断发展和应用领域的扩大,给传统制造业带来了革命性的变化,装有程序控制系统的自动化机床——数控机床,较好地解决了复杂、精密、小批量、多品种的零件加工问题,成为现代机床技术的发展方向,一些桌面级的小型数控机床由于加工精度高、稳定性好、价格合理、占用空间小、操作安全等优点成为创客空间的首选设备。

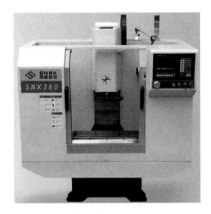 

图 3 - 44　小型数控钻铣床　　　　　图 3 - 45　小型数控车床

（7）激光切割与雕刻设备

激光切割机(如图 3 - 46)是将从激光器发射出的激光,经光路系统聚焦成高功率密度的激光束照射到工件表面,使工件达到熔点或沸点,随着光束与工件相对位置的移动,最终使材料形成切缝,从而达到切割的目的,可进行金属和非金属的板材和管材等的切割。激光雕刻机(如图 3 - 47)则被广泛地用于对各种非金属材料如竹木、水晶、牛角、纸版、有机玻璃、大理石、布料、皮革、橡胶、塑料等的精细雕刻和工艺品或艺术品的制作,是很多创客空间的必选设备。

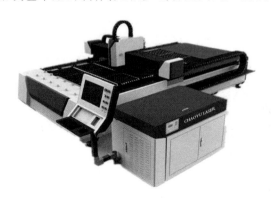 

图 3 - 46　激光切割机　　　　　　　图 3 - 47　激光雕刻机

3. 木材加工设备

创客空间配备的常用木材加工设备有木工车床、木材切割工具、木工砂光机、雕刻机、台锯机、磨床等。

（1）木工车床

木工车床可完成对木材外圆、内孔、端面、锥面、切槽、切断等粗、精车削加工，分为普通木工车床、仿形木工车床和圆棒机等。

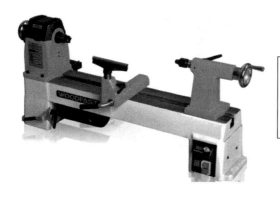

最大加工直径（mm）：320
最大加工长度（mm）：510
机身尺寸（mm）：1200×253×445
主电机功率（W）：750(直流调整电机)
重量（kg）：57

图3-48　某品牌DIY小型木工车床及其部分技术参数

（2）木材切割工具

由于激光切割木材会有烧灼痕迹，并且对于较厚的木材也难以切割，因此一些电动的木材切割工具在木制品加工中依然较为常用。常见的木材切割电动工具有木工带锯机、圆锯机、曲线锯、斜切锯、台锯等。其中曲线锯适用于曲线、圆形和圆弧切割。从占用空间来看，台锯和带锯机占地面积较大，而曲线锯、圆锯和斜切锯所占空间较小。

图3-49　曲线锯　　　　　图3-50　斜切锯　　　　　图3-51　圆锯

图 3 – 52　带锯机　　　　　　　　图 3 – 53　台锯

（3）木工砂光机

木工砂光机是利用砂带、砂布或砂纸砂光工件表面的木工机床，分为滚筒式、带式和盘式 3 大类。

底垫直径（mm）：123
砂纸直径（mm）：125
主电机功率（W）：240
净重（kg）：1.1

图 3 – 54　某品牌盘式砂光机及其部分技术参数

砂带尺寸（mm）：100×610
砂带速度（m/min）：380
机身尺寸（mm）：354×175×169
净重（kg）：6.2

图 3 – 55　某品牌带式砂光机及其部分技术参数

4.电子类工具及材料

电子类工具分为通用工具、专用工具两大部分。其中通用工具除用于电子类产品的装配制作外，也可用于其他机械装配。表3－3为常用电子通用工具列表。

表3－3　常用电子通用工具列表

| 序号 | 工具种类 | 工具名称 | 备注 |
|---|---|---|---|
| 1 | 螺钉旋具 | 一字形螺丝刀 | 用于紧固或拆卸螺钉 |
|  |  | 十字形螺丝刀 |  |
|  |  | 活动螺丝刀 |  |
| 2 | 螺帽旋具 | 螺帽起子或管拧子 | 用于装拆外六角螺母或螺丝 |
| 3 | 尖嘴钳 | 5英寸尖嘴钳 | 用于剪切较细的导线、剥塑料绝缘层、元器件引线的成形等 |
|  |  | 6英寸尖嘴钳 |  |
|  |  | 8英寸尖嘴钳 |  |
| 4 | 斜嘴钳 | 5英寸斜嘴钳 | 又叫斜口钳，用于剪切导线、元器件多余引线，代替一般剪刀剪切绝缘套管、尼龙扎线卡等 |
|  |  | 6英寸斜嘴钳 |  |
|  |  | 7英寸斜嘴钳 |  |
| 5 | 钢丝钳 | 绝缘柄钢丝钳 | 绝缘柄钢丝钳可在带电场合使用，工作电压一般为500V |
|  |  | 铁柄钢丝钳 |  |
| 6 | 剪刀 | 剪线剪 | 用于剪掉印刷电路板插件后多余的线头 |
| 7 | 镊子 | 不锈钢镊子 | 夹持导线、元件及集成电路引脚等 |
|  |  | 不锈钢防静电镊子 |  |
| 8 | 扳手 | 固定扳手 | 用于坚固或拆卸螺栓或螺母 |
|  |  | 套筒扳手 |  |
|  |  | 活动扳手 |  |
| 9 | 手锤 | 手锤 | 装拆机械零件时使用 |
| 10 | 锉刀 | 三角锉 | 钳工锉削时使用的工具 |
|  |  | 方锉 |  |
|  |  | 圆锉 |  |
| 11 | 工具挂板 | 五金工具挂板 | 用于存放工具 |
|  |  | 挂钩 |  |

图 3 – 56　工具挂板

电子专用工具是指专门用于电子产品装配的工具，如焊接工具、测量工具等。表 3 – 4 为常用的电子专用工具列表。

表 3 – 4　常用的电子专用工具列表

| 序号 | 工具种类 | 工具名称 | 备注 |
|---|---|---|---|
| 1 | 剥线钳 | 剥线钳 | 用于剥除电线头部的表面绝缘层，使电线被切断的绝缘皮与电线分开，可防止触电 |
| 2 | 绕接器 | 电动绕接器 | 在无锡焊接中用于绕接操作 |
| | | 手动退绕器 | |
| 3 | 压接钳 | 压接钳 | 在无锡焊接中用于压接操作 |
| | | 网线钳 | |
| 4 | 热熔胶枪 | 热熔胶枪 | 用于胶棒式热熔胶的熔化胶接 |
| 5 | 无感小旋具 | 无感螺丝刀 | 用于调整高频谐振回路电感与电容的专用旋具 |
| | | 无感起子 | |
| 6 | 精密螺丝刀 | 钟表起子 | 用于小型或微型螺钉的装拆及小型元件的调整 |
| 7 | 电烙铁 | 内热式电烙铁 | 用于手工焊接、补焊、维修及更换元件及导线 |
| | | 外热式电烙铁 | |
| | | 恒温式电烙铁（或恒温焊台） | |

| 序号 | 工具种类 | 工具名称 | 备注 |
|------|----------|----------|------|
| 7 | 电烙铁 | 吸锡电烙铁 | |
| | | 防静电电烙铁（电焊台） | |
| | | 自动送锡电烙铁 | |
| | | 感应式电烙铁 | |
| 8 | 电热风枪 | 电热风枪（或热风台） | 用于焊装或拆卸表面贴装元器件 |
| 9 | 示波器 | 模拟示波器 | 用来测量交流电或脉冲电流波形状。与模拟示波器相比，数字示波器支持多级菜单，提供多种选择和分析功能，能够记忆所检测的信号 |
| | | 数字示波器 | |
| 10 | 万用表 | 数字万用表 | 用来检测电子产品的电阻值、电压、电流等。指针万用表响应速度快，但测量精度低；数字万用表读数直观方便，测量精度高，但响应速度慢 |
| | | 指针万用表 | |
| 11 | 信号发生器 | 函数信号发生器 | 测量元器件的特性与参数时，用作测试的信号源或激励源 |
| | | 低频信号发生器 | |
| | | 高频信号发生器 | |
| | | 脉冲信号发生器 | |
| | | 任意波信号发生器 | |
| 12 | 频谱分析仪 | 实时频谱分析仪 | 用于信号失真度、调制度、谱纯度、频率稳定度和交调失真等信号参数的测量 |
| | | 扫频试频谱分析仪 | |

**表 3-5　电子类制作部分常用材料**

| 焊锡 | 助焊剂 | 清洗剂 |
|------|--------|--------|
| 阻焊剂 | 塑胶线 | 电磁线 |
| 排线 | 屏蔽线 | 电源软导线 |
| 裸单线 | 裸型线 | 覆铜板 |
| 黏合剂 | 热缩管 | 绝缘材料 |

**5. 开源硬件**

开源硬件延伸了开源软件的定义，指与自由及开放原始码软件相同方式设计的计算机和电子硬件，包括软件、电路原理图、材料清单，设计图等都使用诸如 GPL、CC 等开源许可协议，把软件惯用的规范带到了硬件分享领域，其提倡自由、开放、互助和分享的特点,受到了广大创客们的喜爱,成为创客发展创造力的最佳平台,以开源硬件为主的开源制作也成为创客空间热门的制作项目。目前,主流的开源硬件有:

(1)阿尔杜诺(Arduino)

Arduino 是一款由一个欧洲开发团队于 2005 年冬季开发的便捷灵活、方便上手的开源电子原型平台,包含硬件即各种型号的 Arduino 板以及软件 Arduino IDE。其中,Arduino Uno 由于其易于开发和与其他设备连接而成为创客们选择最多的单片机开发板。国内有 DFRobot、SeeedStudio、Openjumper、OCROBOT 等品牌和生产厂商。此外,还可以准备一些 Arduino 入门套件,供初学者使用(如表 3 - 6 所示)。

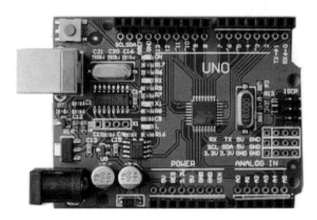

图 3 - 57　Arduino Uno R3 开发板

表 3 - 6　Arduino 初学者开发套件清单(示例)

| 序号 | 名称 | 个数 | 序号 | 名称 | 个数 |
|---|---|---|---|---|---|
| 1 | Arduino Uno R3 | 1 | 11 | 声音传感器 | 1 |
| 2 | 9V 电池 | 1 | 12 | 9V 电池损耗 | 1 |
| 3 | 超声波模块 | 1 | 13 | 倾斜开关 | 1 |
| 4 | 红光 LED | 10 | 14 | 大元件盒 | 1 |
| 5 | 人体红外模块 | 1 | 15 | 红外发射管 | 1 |
| 6 | 绿光 LED | 5 | 16 | 一位数码管 | 1 |
| 7 | 温湿度模块 | 1 | 17 | 霍尔传感器 | 1 |
| 8 | 黄光 LED | 5 | 18 | 四位数码管 | 1 |
| 9 | DS1302 | 1 | 19 | 电位器 | 1 |
| 10 | 晶振 | 1 | 20 | 单排针 | 1 |

续表

| 序号 | 名称 | 个数 | 序号 | 名称 | 个数 |
|---|---|---|---|---|---|
| 21 | 光敏电阻 | 1 | 35 | LCD1602 | 1 |
| 22 | 大块面包板 | 1 | 36 | 直流电机 | 1 |
| 23 | 热敏电阻 | 1 | 37 | 74HC138 芯片 | 1 |
| 24 | 75HC595 | 1 | 38 | 74HC164 芯片 | 1 |
| 25 | 红外接收器 | 1 | 39 | 24C02 芯片 | 1 |
| 26 | 遥控器 | 1 | 40 | 三色 LED 灯 | 1 |
| 27 | 8×8 点阵 | 1 | 41 | 继电器模块 | 1 |
| 28 | 面包板跳线 | 1 扎 | 42 | 薄膜按键 | 1 |
| 29 | 蜂鸣器 | 1 | 43 | 1K 电阻 | 1 |
| 30 | 杜邦线 | 1 | 44 | 4.7K 电阻 | 1 |
| 31 | 步进电机 | 1 | 45 | 10K 电阻 | 1 |
| 32 | USB 数据线 | 1 | 46 | 小风扇 | 1 |
| 33 | 9G 舵机 | 1 | 47 | 舵机支架 | 1 |
| 34 | 光盘 | 1 | 48 | 2003 芯片 | 1 |

（2）树莓派

树莓派（Raspberry Pi）是一款基于 ARM 的微型电脑主板，可连接键盘、鼠标和网线，同时拥有视频模拟信号的电视输出接口和 HDMI 高清视频输出接口，是一款具备所有 PC 基本功能的电脑板。目前，主流的版本为 Raspberry pi 3 Model B，板载 Wi-Fi 和蓝牙以及更快的处理器速度。

图 3 - 58　树莓派 3 代 B 型主板

（3）比格莱茵 BeagleBone

BeagleBone 也是基于 ARM 的开发板，与 Arduino 和树莓派相比，具有功能强大、兼容性好尺寸便携等诸多优点，是一款强大的 Linux 电脑，在 Linux 下一些常用的语言如 C、C++、Python、Perl、Ruby 以及 Shell 脚本基本得到了移植，许多 Linux 软件也可以在 BeagleBone 上运行。

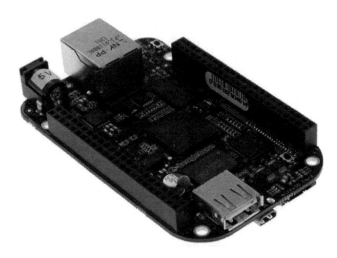

图 3 - 59　BeagleBone 开发板

以上三款是较有代表性的开源硬件，被称为三大主流开源硬件。其他还有全志开发板 Armcore、Cubieboard 全志 A10/A20 开发板、Armpc 全志 A20 开发板、UDOO-飞思卡尔 i. MX6 ARM、SparkCore 单片机、DigiSpark-单片机、pcDuino - 全志 A10 等。一些社会化创客空间还开发了一系列开源硬件的开发套件，供创客们开发时使用，如创客大爆炸开发的基于 Arduino UNO 接口的 Inte Curie 开发板 Arduino 101 ∗、面向神经网络及智能硬件初学者的开发套件 CurieNeurons Kit、为视觉/语音/传感的智能硬件开发而准备的开发套件 SmartNode Kit 以及为众创空间所需而开发的多种智能硬件设备和套件，包括平板机器人、3D 打印设备、无线物联网，以及面向创客教育的 SmartNode 套件等①。

6. 缝纫及手工艺品工具

缝纫及手工艺品制作适合儿童和女性创客，容易上手，并且噪音较小，工具成本

---

① 创客大爆炸. 开发套件［EB/OL］.［2018 - 01 - 08］. http://www. makercollider. com/kit.

也相对较低,比较适合图书馆创客空间。一些社区的创客空间考虑到居民的需求,也开辟了专门的工作区域,开展缝纫或手工艺品的制作和培训活动。表3-7为常用的缝纫及手工艺品制作工具。部分缝纫设备亦可用于软性电路的设计和制作。

**表3-7 常用的缝纫及手工艺品制作工具**

| 缝纫机 | 锁边机 | 绣花机 | 缝纫线 | 布卷尺 | 熨斗 |
|---|---|---|---|---|---|
| 熨衣板 | 拆线刀 | 花齿剪 | 裁缝剪 | 钩针 | 手缝针 |
| 绣花针 | 毛衣针 | 皮革打孔器 | 子母扣 | 绣花撑子 | 布料胶 |
| 成衣人台 | 压扣机 | | | | |

### 7. 常规工具

常规工具是指创客空间大部分制作区域都能用得上的一些手持设备和小型工具,包括前文提到的电子通用类工具,除此之外的另一部分常规工具见表3-8。

**表3-8 常规工具**

| 序号 | 名称 | 说明 | 示例 |
|---|---|---|---|
| 1 | 充电式手电钻 | 钻孔工具,也可安装和拆卸螺丝 |  |
| 2 | 手持电磨机 | 可在不同材质上进行打磨、切割、抛光、雕刻等作业 |  |
| 3 | 螺丝刀套装 | 包括螺丝刀杆和不同规格的螺丝刀批头 | 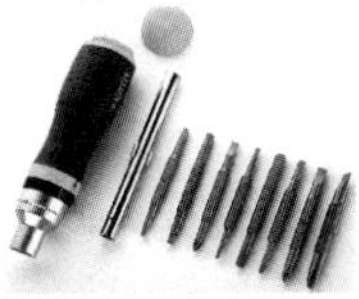 |
| 4 | 钻头套装 | 根据需要购买一定直径范围内的钻头套装 |  |

续表

| 序号 | 名称 | 说明 | 示例 |
|------|------|------|------|
| 5 | 橡胶锤 | 橡胶锤具有弹力锤头,如担心钢锤在敲击时会破坏表面,可使用橡胶锤 | |
| 6 | 美工刀 | 主要用来切割质地较软的材料 | |
| 7 | 手工拉锯 | 用于锯出小型工件所需板材 | |
| 8 | U 型拉花锯 | 可锯出弧线、角度、圆、直线等 | |
| 9 | 功能电子剪刀 | 可剪切铜丝、钢丝、铁丝、铝扣板、不锈钢板 | |
| 10 | 拆机撬棒套装 | 用于开壳、手机、电脑的拆卸 | |
| 11 | 卷尺 | 主要有钢卷尺、纤维卷尺、腰围尺几种类型 | |
| 12 | 内(外)卡钳 | 用于测量工件的内外径或壁厚 | |
| 13 | 游标卡尺 | 用于测量长度、内外径、深度 | |

续表

| 序号 | 名称 | 说明 | 示例 |
|------|------|------|------|
| 14 | 不锈钢直尺 | 主要用于测量长度尺寸 | |
| 15 | G字夹 | 用于夹持各种形状的工件、模块等 | |
| 16 | 木工角尺 | 用来检验工件直角、垂直度和平行度误差,划线等 | |
| 17 | A字夹 | 用于固定夹紧板材 | |
| 18 | 手动射钉器 | 用于固定电线、包装、画册装订、薄板材加固等 | |

8. 安全工具与设备

在创客制作产品过程中,有些工具在使用中如果不加防护可能会对操作者产生一定的伤害,因此应配备足够的安全设备。如在木工制作中,操作者可能会被飞溅的碎片击中或割伤;有些工具会产生大量热量或产生火花。因此,根据所配备的工具,一些防护用的手套、口罩、安全眼镜等能够保证创客人身安全的防护设备的配备是必需的。常用防护设备见表3-9。

表 3 - 9　为常用防护设备

| 序号 | 名称 | 说明 | 示例 |
|---|---|---|---|
| 1 | 可调节防风沙护目镜 | 防止切割和打磨时飞溅的小碎屑进入眼睛 | |
| 2 | 可调节防火护目镜 | 用防火材料制成的消防安全眼镜 | |
| 3 | 急救药箱 | 根据创客空间实际情况配置,至少应包含创可贴、灭菌棉签、灭菌咖啡因、碘伏棒、酒精片、绷带等常用急救药品和用品 | |
| 4 | 丁腈劳保防护手套 | 防滑耐磨,保护手部皮肤 | |
| 5 | 丁腈一次性手套 | 耐酸、耐碱、耐油、无毒、无害、无味,保护手部皮肤 | |
| 6 | 防尘口罩 | 防止打磨等粉尘及刺鼻性气味,分为一次性防尘口罩和可水洗多次使用防尘口罩 | |
| 7 | 隔音耳罩 | 防噪音,可调节和多次使用 | |
| 8 | 隔音耳塞 | 防噪音,一次性使用 | |

续表

| 序号 | 名称 | 说明 | 示例 |
|---|---|---|---|
| 9 | 围裙 | 牛仔或帆布质地 | |
| 10 | 焊接面罩 | 保护操作者的眼、面部避免弧光辐射的伤害 | |
| 11 | 焊接手套 | 隔热,耐磨,防止飞溅物烫伤,阻挡辐射,同时有一定的绝缘性能。分为较长、双层的手工焊手套和较短、较薄的氩弧焊手套 | |
| 12 | 焊接防护服 | 防御焊接时的熔融金属、火花和高温灼烧人体,多用牛皮或阻燃棉涤制成 | |
| 13 | 焊接防护屏 | 用来将焊接区域与其他区域隔开 | |
| 14 | 灭火器 | 根据空间面积选择符合消防要求的重量和型号 | |

以上是创客空间常见的几大类制作工具。随着创客文化的影响越来越深入和广泛,创客项目也在不断丰富和向更广泛的领域扩展,涉及的工具和材料的种类也越来越多,如一些创客空间开展了摄影、食品制作、种植等创客项目。由于空间和资金的限制,没有一个创客空间能够配备所有需要的工具和材料,也没有一个创客空间能够涉及所有领域。因此,以上工具列表仅供参考,图书馆应根据自己的实际情况进行购买和配置。

## 三、人员

一个能够正常和持续运营的创客空间,至少需具备以下三类人员:管理人员、技术人员、项目指导人员和创业顾问。

### 1. 管理人员

管理人员负责创客空间的运营工作,具体包括四个方面的内容:一是空间的日常管理工作,如空间开放时间的服务管理、工作人员管理、会员管理、日常易耗物品的采购、卫生管理等日常行政事务,制定空间管理制度和年度计划。二是负责活动策划与开展,策划并组织开展空间日常活动,如周末创客聚会、分享会、工作坊、专项活动、沙龙、开放日活动、项目路演等。三是负责对外联络与接洽,组织开展与企业、高校、企事业单位以及其他创客空间的合作,为自身发展寻求外部资源和支持,如对外寻求活动场地、较为昂贵或大型工具的租用或合用、接受捐赠,与社会化创客空间合作共享资源与服务,聘请专业教师、创业人士等为创客和创业者的发展提供指导等。如果创客空间开展创客或企业入驻业务,还需负责对个人、团体的入驻资格的审核工作,为初创企业提供其在萌芽期和成长期的便利服务,并组织创投对接活动。四是负责利用图书馆网站、微信等各种新媒体推广和宣传创客空间的理念及相关活动。

### 2. 技术人员

技术人员负责对空间的设备和工具进行维护和安全性检查,并指导创客正确使用,必要时还要负责对创客进行使用培训,并设计技术培训课程,以保证他们在使用过程中的人身安全。虽然一些设备的生产厂家有专门的售后技术人员,但他们只是在设备有故障时提供有限的服务或者在设备购买后进行一次性的安全培训,不能随时在现场为创客解决问题或根据创客需要进行技术指导,因此配备熟悉工具或设备使用方法与故障检修的专业技术人员是非常有必要的。以激光切割机为例,使用不当容易造成机器损坏、切割达不到要求等后果,更严重的还会出现因激光偏位等导致火灾和人生损害的事故发生,因此,需要有丰富的激光切割工艺经验、能够熟练操作激光加工的各种应用系统的专业技术人员对使用者进行培训和指导,严格禁止未经培训的人员操作。此外,为保证激光切割机的正常使用,还要定时进行台面、导轨的清洁,冷水机以及反射镜和聚焦镜片的清洗等,这些工作均需要能够熟练操作并熟悉激光切割机工作原理的人员进行。

3. 项目指导人员和创业顾问

项目指导人员通常称为创客空间的导师,他们在一种或多种制作领域有着丰富的经验,善于表达,有着强烈的好奇心和制作热情。在创新实践中,并不是每个创客都能够独立开始一个新的项目或顺利完成自己的制作项目,导师的任务就是引导和帮助创客项目朝着合理的方向发展,并为他们提供相关知识、技术、工艺、项目设计方面的指导,运用自己的经验引导和激发创客灵感,帮助创客们在面临失败时依然能保持创造热情。对于已经拥有一定领域知识而又不知道如何开展一个新项目的创客,导师扮演的角色就是入门引导,通过与创客的互动交流引导他们自己来确立项目;而对于进行中的遇到瓶颈而无法前进的项目,导师的丰富经验又可以帮助他们找到方法和途径。因此,导师的首要作用是引导和支持(包括技术支持和情感支持)创客们自己来解决创造过程中遇到的种种问题,而不仅仅是教会他们制作一些别人已经做过的项目(当然对于儿童创客或刚开始接触创客空间的人来说,在导师的帮助下做一些别人做过的项目有利于激发他们的创意兴趣),只有这样,才能保持创客们的创新活力。

创业顾问与导师相比,更着重于为创客空间内的创业者提供创业指导。有些情况下,有创业经历的导师在指导创客项目时也会扮演这一角色。创业顾问的任务是指导入驻个人或团队开展项目市场调研、项目可行性分析、风险评估、投资效益预测等,并对其未来的产品、客户、市场发展前景和商业模式等做出明确的定位和发展规划;帮助他们分析和确定创业资金需求,协助其完成创业融资所需的商业计划书,提供融资和引资方面的洽谈和对接服务等;协助初创企业应对和解决创业实践中不断出现的新问题,帮助他们顺利开办企业和改善企业经营管理。

以上三类人员应结合创客空间的规模、开展的制作项目、服务类型等实际情况进行配备。例如，如果空间规模较小，涉及的制作种类较少或者是专门针对未成年人的创客项目，管理人员可以同时兼任技术人员和导师。管理人员、技术人员和导师可以是图书馆的专业人员，也可以有尝聘请不同领域的制作专家，或者由经验丰富的创客通过志愿者的形式担任。对于开展个人或团队入驻服务的创客空间，创业顾问可以通过与企业合作的方式聘请企业家或由相关领域的专家担任；通过举办创业培训或创业主题研讨会也可以对创业项目进行辅导。

**四、文献资源**

文献信息资源是图书馆特有的资源，也是创客们在创新过程中非常需要的资源，一些社会化创客空间为满足创客们文献信息的需求，也在进行着空间内的小型图书馆建设，如前述的美国创客空间 Noisebridge 不仅在物理空间设置了小型的图书馆，摆放购买或捐赠的图书供创客查阅，还开辟了网上图书馆 Noisebridge Library。由于资源有限，Noisebridge 的网上图书馆只提供每本图书在亚马逊和 OpenLibrary Search 的购买网址，方便创客们需要时查阅购买。Noisebridge Library 甚至还建立了一个实用的电子元器件数据库，数据由创客们自愿添加。无独有偶，奥地利的创客空间 Metalab 也在实体空间为创客们开辟了一间供他们思考与阅读的图书馆。

加拿大达尔豪斯大学图书馆的创客空间开设有 3D 打印和扫描服务，他们收集了本校师生的 3D 打印模型，作为其机构知识库的一部分，用户可以在图书馆网站直接进行检索[①]。美国阿拉巴马大学图书馆则为用户提供了更全面的创客空间导航，包括电子图书、模型数据库、论坛、课程等，内容涉及 3D 打印、激光切割、电子制作、创客项目、开源硬件 Arduino 和树莓派、机械制造等[②]。

在创客空间里为创客们提供文献信息服务，可以突显图书馆创客空间不同于社会化创客空间的优势和特点。首先可以在物理空间设置图书专架，根据空间开设服务项目选择与创客项目、设备与工具、所关注领域相关的图书集中摆放，方便创客随时查阅。其次是建立专题数据库，可选择建立如下几方面内容：①与空间所关注领

---

① Dollhousie University Libraries. 3D model repository[EB/OL]. [2018 – 01 – 08]. http://dalspace. library. dal. ca/handle/10222/15234.

② University of Alabama Libraries. Makerspaces：makers，hackers，DIYs，and hobbyist reference guide：start here[EB/OL]. [2018 – 01 – 08]. http://guides. lib. ua. edu/c. php?g = 39939&p = 253636.

域相关的研究性资源,如期刊论文、图书等;②本空间创客们的研究成果;③互联网上公开的灰色资源导航,如创客分享的制作心得,课程、培训、讲座或会议的音视频,最新工具、开源硬件项目等;④根据空间开展的服务为创客收集其他资源,如 Noise-bridge 的电子元器件数据库就是一个非常不错的选择。

图 3-60　达尔豪斯大学图书馆 3D 模型数据库

## 第四节　图书馆创客空间构建与运营

创客空间涉及的工具、设备、制作项目等对图书馆来说是完全陌生的,与图书馆传统的服务内容及方式有着巨大的差别,馆员也基本上并不具备创客空间的相关知识。因此,图书馆创客空间的构建面临着巨大的挑战。

### 一、环境扫描与用户需求调查

2013 年,科因(Kohn J.)从美国图书馆创客空间的实践中总结出一套高效构建创客空间的方法,即首先建立一个工具图书馆,根据用户对工具的兴趣和需求,收集工具,组织馆藏;第二步,扩大工具图书馆的规模,寻找资金来源;第三步,建立创客空间①。事实上,在科因所提供的方法中,建立工具图书馆并收集工具馆藏的过程,就是一个前期的调研过程,同时也是了解用户需求与兴趣、让馆员学习和熟悉创客工具的过程。前期的调研不仅可以为图书馆创客空间的具体构建提供依据,而且整个调研过程也能帮助图书馆从宏观和微观全面了解与认识创客空间。前期调研与环境扫描至少应包括以下几个部分:首先是对国家及当地创客空间政策的了解;其次是对全国和当地各类创客空间的调查,包括公共图书馆创客空间、高校图书馆创客空间、社会化创客空间,总结本地各类创客空间的具体特点,尤其是与本馆相同性质的图书馆创客空间的特点;最后是对本馆用户需求的调查。调查的目的就是从中找出适合本馆的创客空间构建方案。

1. 对国家及当地创客空间政策的了解

2014 年 9 月,李克强总理在夏季达沃斯论坛上提出,要在 960 万平方公里的土地上掀起"大众创业""草根创业"的新浪潮,形成"万众创新""人人创新"的新势态。2015 年李克强总理在政府工作报告又提出推动大众创业、万众创新,"既可以扩大就业、增加居民收入,又有利于促进社会纵向流动和公平正义";"政府要勇于自我革命,给市场和社会留足空间,为公平竞争搭好舞台。个人和企业要勇于创业创新,全社会要厚植创业创新文化,让人们在创造财富的过程中,更好地实现精神追求和自身价值"②。2015 年 3 月,国务院办公厅印发了《关于发展众创空间推进大众创新创业的指导意见》。自此,在我国政府"大众创业、万众创新"政策的推动下,各地纷纷出台支持创新、创业以及创客空间建设的相关政策,截至 2017 年底,全国出台的关于"创客"的政策已经达到 5000 多种,这还不包括地方出台的"创客"政策。据不完全统计,仅山东省各地相关政策累计就达上千种③。

当然,全国这么多数量的创客政策并不需要图书馆逐篇去了解,而是有针对性

---

① 陶蕾. 图书馆创客空间建设研究[DB/OL]. [2018 - 01 - 10]. http://www.chinalibs.cn/ArticleInfo.aspx?id = 355684.

② 李克强. 政府工作报告——2015 年 3 月 5 日在第十二届全国人民代表大会第三次会议上[DB/OL]. [2018 - 01 - 10]. http://www.gov.cn/guowuyuan/2015-03/16/content_2835101.htm.

③ 隋映辉. 以健全政策呵护创客空间[DB/OL]. [2018 - 01 - 10]. http://www.cssn.cn/glx/glx_xzlt/201712/t20171207_3772151.shtml.

地搜集国家层面和图书馆所在地有关扶持创客空间的政策,从中了解创客空间的政策走向和发展趋势,当地政策的扶持领域、重点和范围,为下一步创客空间构建的资金筹集、项目合作、推广宣传等寻找方向、机会、渠道和灵感。

2015年,厦门市发布的发展众创空间实施意见中,对各区的众创空间提出了不同的定位与方向,其中思明区鼓励培育和发展基于互联网的众创空间、文化创意类众创空间,集美区鼓励培育和发展机械类、电子类、环保类创客空间和产学研协同创新的众创空间等①。了解这些信息,可为公共图书馆创客空间的行业定位、服务和合作领域提供参考。

2015年,河南省人民政府印发的《关于发展众创空间推进大众创新创业的实施意见》中明确由省教育厅、科技厅负责"建立创新创业导师团队,在各专业管理部门设立专项培训课程,定期由行业导师授课,指导大学生熟知国家技术政策及导向②"。而黑龙江省人民政府《关于促进大学生创新创业的若干意见》也部署了由省教育厅、省团委等负责的"由公共就业创业服务机构组建创业专家库和创业诊室,为大学生创新创业提供专业辅导"③。这些政策无疑为高校图书馆创客空间的导师队伍建设提供了信息。

温州市人民政府印发的《关于发展众创空间推进大众创新创业的实施意见》中提出要发展一批创业学院,支持高校、科研院所联合搭建创业教育资源分享平台,开设一批符合温州城市特征的创业课程;扶持温州市众创空间联盟,鼓励联盟积极组织有助于推动温州市众创空间发展的创新创业活动;开展全市性的创新创业活动,鼓励众创空间举办各类创业活动,组织开展温州创客大赛、温州创新创业博览会和温州青年(新生代温商)创新创业大赛;由市科技局根据众创空间发展需求向社会征集全市性创新创业活动计划,并从中甄选部分活动项目予以资助④。这些政策为图书馆创客空间获得创业课程支持、参与创客大赛、获得活动项目资助提供了思路。

---

① 鲁礼义.厦门首批12家市级众创空间获扶持各获30万元奖励[EB/OL].[2017 - 12 - 08].http://news.xmnn.cn/a/xmxw/201507/t20150727_4574673.htm.

② 河南省人民政府.关于发展众创空间推进大众创新创业的实施意见[EB/OL].[2017 - 12 - 08].http://www.henan.gov.cn/zwgk/system/2015/06/01/010555805.shtml.

③ 黑龙江省人民政府.关于促进大学生创新创业的若干意见[EB/OL].[2017 - 12 - 08].http://www.hlj.gov.cn/wjfg/system/2015/05/25/010721617.shtml.

④ 温州市人民政府办公室.关于发展众创空间推进大众创新创业的实施意见[EB/OL].[2017 - 12 - 08].http://wzkj.wenzhou.gov.cn/art/2017/7/18/art_1220134_8466500.html.

2. 对现有创客空间的调查

对现有创客空间的调查包括两个部分,一是对国内典型的图书馆创客空间的调查,二是对本地创客空间(包括图书馆创客空间)的调查。调查方式可采取实地考察、网络调查或电话、邮件等方式。在调查中尽可能了解和搜集以下几个方面的信息:

1)理念、愿景,了解创客空间的定位和其存在的价值、发展前景和方向。

2)了解图书馆创客空间在社区或学校发挥的具体作用,如公共图书馆创客空间为社区居民带来了哪些好处,高校图书馆创客空间在教学和科研中发挥的作用等。

3)主要服务人群,如服务的重点人群,是否对少儿开放等。

4)空间规划,包括物理空间面积、地理位置、内部区域划分、装修情况等。

5)设备和工具配备情况。

6)人员配备与开放时间,了解创客空间配备的专职或兼职人员情况及其负责的具体事务以及这些人员的业务培训情况。目前创客空间的人员配备有如下几种情况:由专职管理人员负责空间在开放时间的管理和服务;由会员或志愿者自行管理;对于高校图书馆来说,有些创客空间由图书馆专职人员或学生共同管理。

7)提供的具体服务内容。

8)各类活动、培训、会议、比赛等的举办情况,包括数量和内容。

9)空间管理制度,包括设备操作规程、安全规范、会员管理制度等。

10)收费情况,是否有收费项目,如何收费。

11)对于本地创客空间,尽可能了解一下其创建和运营经费的来源。

12)最后请被考察的创客空间对本馆建设创客空间提供一些建议或忠告,或者请他们谈谈自己的经验。

13)调查本地企业或邻近区域企业情况,最好能登门拜访,寻找可能的合作机会。图书馆创客空间不能仅仅停留在图书馆的视域内,满足用户创新、创业的需求,帮助他们将创新成果推向社会,保持创客空间的可持续发展,必然要与外界进行广泛的合作,而企业是为图书馆创客空间带来活力的关键要素之一。

在调查过程中要注意对本地创客空间,尤其是同类型图书馆创客空间应尽量采取实地考察的方式,近距离考察其运营效果;如果要建设的是公共图书馆创客空间,还要重视对本地社会化创客空间的考察。因为从这些已经运营的本地社会化创客空间中,可以发现本地创客喜欢的工具、设备、制作项目、创客活动以及本地创客较为关注的行业和领域,同时也能发现那些创客需要但还未开展的服务项目,这样在拟订建设方案时,就可以根据图书馆现有条件划定一个大致的工具和设备购置范围,便于做出一个初步的预算,毕竟购买工具和设备的费用是创客空间建设中的主要支出。

3. 对本馆用户需求的调查

对用户需求的调查,可通过问卷发放和非结构式访谈进行。

(1)问卷调查

调查内容主要涉及用户基本情况、用户对于创客空间的认知情况、用户对于创客空间的服务诉求以及用户对创客空间的需求偏好和期望值,其中以用户的服务诉求及用户偏好作为主要调研内容,图书馆可根据创客空间构建时的实际情况和需了解的内容来设计问卷选项或增加其他调查项目。

用户基本情况:包括用户的性别、年龄、学历、专业、职业等。

用户对于创客空间的认知情况:指用户对于创客空间的了解和认识的程度,如是否了解创客空间以及了解渠道、对创客空间的看法、是否参与过创客空间活动、是否想成为一名创客以及成为创客面临的障碍等。

用户对于创客空间的服务诉求:这是调查的重点之一,如用户使用创客空间的目的、希望提供的功能区(加工制作空间、独立创作空间、便于与其他创客或团队交流的空间、展示空间、办公空间、休闲娱乐空间)、希望得到哪些帮助(导师技术指导、课程培训、学科前沿信息和数据、参赛平台、创新氛围和交流平台、创业辅导)等。

用户偏好的调查有助于确定创客空间的重点关注领域、开放时间、服务方式和购买设备等。具体调查内容包括:用户能够来创客空间的时间段;希望从事何种类型的创意活动(互联网、计算机软硬件、信息技术,机械制造、机器人、电子元器件,文化艺术创作、设计、音乐舞蹈,教育培训、新媒体、信息传播等);希望学习哪些工具或设备的使用;由于某些设备耗材成本较高收取一定的成本费感觉是否合理并接受;希望图书馆哪个区域规划为创客空间;请为图书馆创客空间起个名字;等等。

(2)非结构式访谈

通过非结构式访谈与用户面对面地进行交流,进一步了解他们的需求,征求他们的意见和建议,有时会得到意想不到的良好效果,对创客空间的筹备和建设大有裨益。访谈对象可以公开招募那些对创客空间感兴趣的人,他们可能已经是创客,正希望能有一个创客空间来施展才华,或者已经对创客空间很了解,而正准备成为一名创客,将自己的创意变为现实;也可能是一些年轻的父母,希望为自己的孩子找到一个进行创新创意教育的地方……一旦招募到了受访者,要为他们提供一个轻松、自由的访谈环境,尽可能地让他们说出自己的想法和建议。与受访者进行多次深入而自由的交流和互动后,他们很有可能会成为创客空间的志愿者、宣传者和前期在读者中的推动者。以长沙图书馆新三角创客空间为例,2014 年 6 月起,长沙图书馆面向全社会招募志愿者,牵头成立兴趣小组,招募更多创客的加入,并引导新手创客进行制作。2014 年 8 月 9 日,在长沙图书馆组织下,首批创客志愿者召开了第一次面谈交流会,成立"新三角创客空间筹备组",创客志愿者全程参与了新三角创客空间的平面布局设计和家具设计、制作①。2011 年,美国旧金山公共图书馆(San Francisco Public library,SFPL)计划构建一个为 13—18 岁青少年服务的创客空间,考虑到青少年是创建这样一个创客空间最积极和能提出最有说服力意见的人,SFPL 招募了 15 名学生成立了青年顾问委员会,让他们与建筑师一起参加了创客空间的设计研讨会。学生们希望创客空间设在更容易进出的图书馆二楼而不是图书馆最初构想的五楼,并为创客空间起了他们喜欢的名字 MIX(混合),提出了他们想要在创客

图 3-61 旧金山公共图书馆青年顾问委员会的学生们正在参与创客空间规划②

① 龙耀华.创客,自造时代——长沙图书馆新三角创客空间的实践与思考[DB/OL].[2017-12-08].http://www.chinalibs.net/ArticleInfo.aspx?id=411245.

② 赫雷拉.图书馆新构想:创造性学习的创客空间[DB/OL].[2017-12-08].http://www.chinalibs.net/ArticleInfo.aspx?id=411246.

空间内使用的工具。MIX 的整个规划过程历时近 4 年,于 2015 年 6 月正式开放,并获得了巨大的成功。

通过对上述各方面的情况调查,最终形成一份详尽的创客空间环境扫描与用户需求报告,为下一步建设方案的拟定提供参考。

### 二、拟定建设方案

#### 1. 创客空间理念设定和 LOGO 设计

图书馆创客空间的理念,包括其宗旨、目标、策略、愿景等,具有继承性、前瞻性和导向性,是用简短的语言对创客空间未来的发展、服务、创新、管理等的概括,是根据本馆情况对创意、创新、创造、共享的创客文化进行的不同阐释和补充;既是创客空间管理人员的服务目标,也是创客们了解空间功能和属性的最快捷和明了的方式,同时也是创客空间建设和发展的灵魂。而创客空间的 LOGO 则是其理论形象化、具体化的诠释。以下为国内部分公共图书馆创客空间的 LOGO 和理念。

上海图书馆"创·新空间":以"激活创意、知识交流"为主题概念,为创客、极客及专业设计师、创意爱好者搭建主题服务的知识平台和体验艺术创意的智能空间,旨在加强人与人的互动交流,让更多的人走进图书馆[1]。

底特律公共图书馆(Detroit Public Library)的 HYPE 创客空间(H·Y·P·E Makerspace Workshop)通过发明、创造、学习和 DIY 文化激发青少年的创造激情! HYPE 的意思即为帮助年轻人超越(Helping Young People Exceed)[2]。

图 3 - 62　上海图书馆"创·新空间"标识　　图 3 - 63　底特律公共图书馆的 HYPE 创客空间标识

---

①　乐懿婷. 上海图书馆"创·新空间"实践探索[DB/OL]. [2017 - 12 - 08]. http://www. chinalibs. net/ ArticleInfo. aspx?id = 427257.

②　Detroit Public Library. HYPE makerspace[EB/OL]. [2017 - 12 - 08]. http://www. detroitpubliclibrary. org/hype/hype-makerspace.

克利夫兰公共图书馆科技中心创客空间:是一个允许人们把想法变成现实的创造性的协同设计和制造的空间①!

科罗拉多兰奇维区图书馆工作室:在这里,重要的不仅仅是你能做什么,而且是你将成为谁。我们与有创意的社区成员合作,将用户的创造力推向新的境界②。

达克斯伯里免费图书馆的创客空间:提供一个让人们能够利用图书馆的资源、工具和馆藏进行协作、创新和创造的空间,在这里,人们可以玩、修理、追求个人或职业目标③。

韦斯特波特公共图书馆创客空间:一个创造、协作、创新和创业的地方④。

米苏拉县图书馆创客空间:一个可以获得培训、工具和合作并将你的创意变为现实的地方⑤。

埃德蒙顿公共图书馆创客空间:是一个可以将创意分享、扩散并运用到生活中的创造和协作环境⑥。

2. 服务的重点人群

对于公共图书馆来说,创客空间应面向所有读者开放,但由于资金、空间、人员等方面的限制,在创客空间初创时期,可以根据前期的用户需求调查,从满足部分读者的需求开始,运行后再根据需要逐步扩大服务范围。例如,面向未成年人的创客空间建设相比面向成年人的创客空间来说,在资金、设备、人员、场地等方面的需求都较易满足,创客制作项目也较易开展,因此成为很多公共图书馆开展创客空间服务初期的首选,一些非技术性的儿童手工作坊为公共图书馆带来了第一批"小创

---

① Cleveland Public Library. TechCentral makerspace[EB/OL]. [2017 – 12 – 08]. https://cpl. org/subjectscollections/techcentral/makerspace/.

② Rangeview Library District. The Studio. What is the studio? [EB/OL]. [2017 – 12 – 08]. https://www. anythinklibraries. org/thestudio

③ Duxbury Free Library. Makerspace initiative[EB/OL]. [2017 – 12 – 08]. http://www. duxburyfreelibrary. org/general_info/makerspace. html.

④ Westport Public Library. Makerspace[EB/OL]. [2017 – 12 – 08]. http://westportlibrary. org/services/makerspace.

⑤ Missoula Public Library. Makerspace[EB/OL]. [2017 – 12 – 08]. http://www. missoulapubliclibrary. org/services/makerspace.

⑥ Edmonton Public Library. The EPL Makerspace[EB/OL]. [2017 – 12 – 08]. https://www. epl. ca/browse_program/makerspace/.

客"。例如,美国底特律图书馆的 HYPE 创客空间就是建立在本馆的 HYPE 青少年活动中心、专门为 13—18 岁的青少年提供发明、创新和创意的 DIY 场所①。在我国,沧州图书馆通过在图书馆一楼梦想小剧场和二楼新建成的创客空间内连续举行小小创客亲子游戏和"创·未来"七七板动手制作两个少儿公益性创客系列活动,将创客空间服务正式向读者开放②。云南省图书馆培训辅导部从 2016 年元旦开始,每周六下午在少儿阅览室固定开展包括培训、讲座、模型制作等的"创客文化活动",并专门设置"创客空间活动微信群",力图通过系列创客文化空间活动打造云南省第一家面向公众开放的图书馆创客交流中心及先锐创客教育示范基地③。

　　而对于高校图书馆来讲,创客空间主要是为全校师生服务,也有一些高校图书馆的创客空间同时面向社区提供服务。例如,我国武汉大学图书馆的创客空间面向全校师生免费开放④;美国哈得逊县社区学院(Hudson County Community College),创客空间同时面向学院师生和社区成员开放⑤,美国阿拉巴马大学虽然有工程学院运营的面向全校师生开放的 3D 原型实验室以及另外一个创客空间,图书馆依然开设以 3D 打印服务为主的创客空间⑥。各个专业的学生对"自造"的需求也会有差别,美国内华达州立大学物理与工程学院的德拉马图书馆(DeLaMare Library)创客空间从2012 年开展 3D 打印服务以来,每年平均打印 5000—7000 件产品,目前拥有 5 台 3D打印机。德拉马图书馆对各专业 3D 打印机的使用情况统计可以为高校图书馆创客空间创办初期确定重点服务人群提供参考(如图 3 - 64)。

　　① Detroit Public Library. HYPE makerspace[EB/OL].[2017 - 12 - 08]. http://www. detroit-publiclibrary. org/hype/hype-makerspace.

　　② 沧州图书馆. 沧州图书馆创客空间正式向读者开放[EB/OL].[2017 - 12 - 08]. http://zwgk. cangzhou. gov. cn/article5. jsp?infoId = 498001.

　　③ 金美丽. 我馆着力打造省内首个图书馆"创客文化空间"[EB/OL].[2017 - 12 - 08]. htp://www. ynlib. cn/Item/79793. aspx.

　　④ 周燕妮. "创客空间"欢迎你(组图)[EB/OL].[2017 - 12 - 08]. http://news. whu. edu. cn/info/1002/45417. htm.

　　⑤ The Hudson County Community College. The hudson county community college library building[EB/OL].[2017 - 12 - 08]. http://www. hccc. edu/librarybuilding/.

　　⑥ The University of Alabama. Makerspace facilities at the university of Alabama[EB/OL].[2017 - 12 - 08]. http://guides. lib. ua. edu/makerspaces.

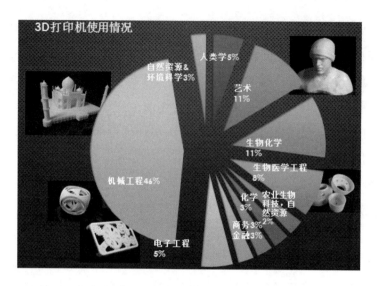

图 3 - 64　德拉马图书馆各专业学生使用 3D 打印机情况①

### 3. 空间选址与规划

关于空间的规划和布局,详见本书前文所述的创客空间构成要素。需要强调的是,实践中物理空间布局并没有固定的标准,图书馆可根据实际情况设置其中部分功能区或增加新的功能区。例如,上海图书馆"创·新空间"占地 780 平方米,整个空间分为创意展示区、阅读区域、特种文献区、IC 共享空间、全媒体交流体验区 5 大功能区②。长沙图书馆新三角创客空间占地 600 多平方米,设有工作室、多媒体教室、报告厅、展厅 4 个功能区。深圳宝安图书馆创客 e 家则设有数工坊、造梦馆、音炫室、汇客厅 4 个功能区③。

所谓空间选址,是指图书馆创客空间在整个图书馆建筑中的位置。由于大部分图书馆创客空间是对已有馆舍进行改造而成,究竟哪一部分要改造为创客空间需要综合考虑和平衡以下几方面的因素:创客空间注重人的交流与互动,但也需要设计安静的空间,即动区和静区缺一不可。创客空间位于图书馆整个建筑的一层或入口附近区域,有

①　科尔格罗夫. 服务社区的高校创客空间[DB/OL]. [2017 - 12 - 08]. http://www. chinalibs. net/ArticleInfo. aspx?id = 411234.

②　杨绎,金奇文. 公共图书馆创客空间发展模式研究——基于上海图书馆的实践[DB/OL]. [2017 - 12 - 08]. http://www. chinalibs. net/ArticleInfo. aspx?id = 416120.

③　丁利霞,田顺芝. 公共图书馆创客空间发展实践研究及对策[DB/OL]. [2017 - 12 - 08]. http://www. chinalibs. net/ArticleInfo. aspx?id = 430474.

助于增加空间的人气和知名度,但容易带来管理的难度;图书馆已有的会议室或多功能厅可作为创客举办活动的场所,但最好与创客空间在同一楼层;不同区域所需改造和装修的费用也不同;改造区域原有功能丧失给图书馆其他业务可能带来影响;等等。

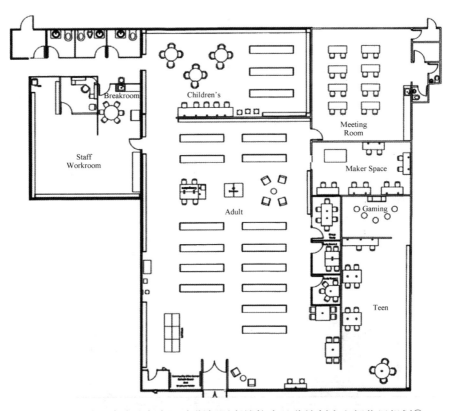

图 3 - 65　美国辛辛那提与汉密斯顿图书馆拉夫兰分馆创客空间位置规划①

　　当然,如果图书馆各方面条件有限,只需要很小的房间,能够摆放一到两台 3D 打印机和装有建模软件的计算机,就可以开辟一个小型创客空间,专为用户提供 3D 打印服务,这样一来空间规划就容易多了。事实上,很多图书馆的创客空间都是从 3D 打印服务开始的。

　　在空间的选址和规划上,一些图书馆为克服建筑空间的不足,采用移动创客空间的形式为用户提供移动服务或将创客空间设置在图书馆建筑外的闲置空地上。例如,美国印第安纳州艾伦县公共图书馆乔治敦分馆就将创客空间设置在图书馆停

---

①　The Public Library of Cincinnati and Hamilton County. Annual report 2016[EB/OL]. [2017 - 12 - 08]. http://www. cincinnatilibrary. org/pubs/annualreport. pdf.

车场内长 50 英尺、宽 10 英尺的一辆拖车内，配备了完整的电动残疾人入口电梯，两个 44 英寸宽的门和两个模块化楼梯组合，并有一个可全年运行的热泵/空调机组。整个空间及其装备由非营利组织泰科创业（TekVenture）提供①。2007 年 8 月，美国麻省理工学院数字与原子中心建立一个移动 Fab Lab（Mobile Fab Lab），所有设备装载在一辆长 32 英尺、宽 8 英尺、高 7 英尺的拖车内②。加利福尼亚圣何塞公共图书馆（San Jose public library）则将巴士改装成一个移动创客空间"创客之舟"（Maker［Space］Ship），以克服用户访问实体图书馆的障碍③。移动创客空间为图书馆创客空间规划提供了新的思路，它不仅可以作为固定式创客空间的服务延伸，也可以作为独立的创客空间开展服务，解决图书馆建筑空间不足的困境。我国上海交通大学图书馆与京东集团联手打造的"交大—京东创客空间"，总面积约 240 平方米，主体为集装箱改造而成的建筑，放置在闵行校区图书馆主馆的大厅外面，很好地解决了馆内空间不足的问题④。

图 3 - 66　印第安纳州艾伦县公共图书馆乔治敦分馆在拖车内建设的移动创客空间

---

①　TekVenture. The makerspace［EB/OL］.［2018 - 01 - 26］. http://tekventure. org/the-makerspace/.

②　Fab Foundation. Mobile Fab Lab［EB/OL］.［2018 - 01 - 26］. http://www. fabfoundation. org/index. php/mobile-fab-lab/index. html.

③　San Jose Public Library. Maker［Space］Ship［EB/OL］.［2018 - 01 - 26］. https://www. sjpl. org/makerspaceship.

④　尤晶晶. 创客文化孕育地　校企合作新典范——交大—京东创客空间正式落成［EB/OL］.［2018 - 01 - 26］. http://www. lib. sjtu. edu. cn/index. php?m = content&c = index&a = show&catid = 211&id = 1177.

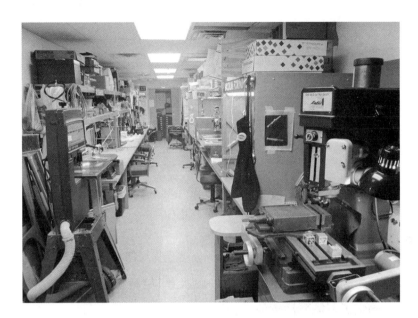

图 3 - 67 印第安纳州艾伦县公共图书馆乔治敦分馆移动创客空间内部

图 3 - 68 加利福尼亚圣何塞公共图书馆移动创客空间 Maker[Space]Ship

图 3 - 69　移动 Fab Lab

### 4.工具和材料

通过前面的环境扫描与用户需求调查,创客空间需要配备的工具和设备已经呈现出一个大体的轮廓,再综合考虑价格、售后服务、材料与维护成本、空间限制等因素基本就可以确定了。需要注意的是,要在方案中列出每种工具的主要用途、型号、厂家及价格。如前所述,随着创客文化的影响越来越深入和广泛,创客项目也在不断丰富和扩展,涉及的工具和材料的种类也越来越多,并且这些工具和材料还处在不断变化和更新之中。没有一个创客空间能够配备所有的工具和材料,而相对于每个创客空间来讲,也并没有一个固定的工具和材料的配备标准,能尽最大限度满足用户需求就是最合适的标准。在这些工具和设备中,3D 打印机由于媒体的大量报道和宣传以及其"所见即所得"的打印效果,成为很多人希望尝试的热门工具和创客空间的"标配",因此可优先考虑购置。而对于高校图书馆创客空间来说,工具的选择会更多地考虑所服务的学科和专业。此外,除了前期的环境扫描和用户调研,多了解一些国内外图书馆创客空间的工具配置也会得到一些有益的启发。

以下为国内外部分公共图书馆创客空间提供的工具:

美国科罗拉多州阿拉珀霍县图书馆(Arapahoe Libraries)拥有 8 个分馆和 1 个流动图书馆,为当地 15 万人口提供图书馆服务,其设在卡斯尔伍德分馆的创客空间开设有纺织品、工艺品和电子产品的制作区域,提供的纺织品工具包括缝纫机、拷边机、女装人体模型、压扣机和徽章机、针织和钩针用品、绗缝用品、刺绣用品;电子及工艺品工具包括电动打磨机、烙铁、常规工具、热风枪、安装有多种图形设计工具的苹果电脑、各种锯机、打磨机、钻机、3D 打印机、激光切割机、数控 3D 雕刻机、绣花机、自动切纸机等①。

美国萨克拉门托公共图书馆是加利福尼亚州第四大图书馆系统，服务人口超过 130 万，其中央图书馆创客空间为用户提供音乐、虚拟现实设计和 3D 打印服务，配备音乐类工具有电子音乐合成器/声码器、触摸式节奏合成器、键盘乐器模拟合成器、音效混合器、耳机、音频接口等；虚拟现实体验区提供有 Oculus Rift 头戴式显示器以及包括 Minecraft 在内的 10 款游戏；3D 打印区提供 3D 打印机和 3D 打印笔；设计区则提供 Wacom 手绘板②。

美国芝加哥公共图书馆的创客实验室（Maker Lab）配备有激光切割机、3D 打印机、乙烯切割机、数控铣床、笔记本电脑和用于记录和共享项目过程及成果的照相机以及 Inkscape、Trimble SketchUp、Autodesk 123D 等设计和绘图软件③。

美国辛辛那提和汉密尔顿县公共图书馆（The Public Library of Cincinnati and Hamilton County）主馆的创客空间提供音频记录站、数字创作站、一体印书机、激光切割/雕刻机、媒体转换站、迷你 Makerspace（可制作纽扣、卡片、贴纸）、摄影和视频站、3D 打印机、缝纫台、乙烯基打印机/切割机等工具和设备④。

上海图书馆"创·新空间"配备有 1 台 3D 扫描仪、3 台 3D 打印机、数字创意展示台、16 台高配置一体机、2 套视听椅、Google 眼镜等硬件设备，以及图像制作、视频制作、工程设计、3D 建模软件等软件资源。

长沙新三角创客空间提供 3D 打印机、数控雕刻机、激光切割机、工业缝纫机、小型五金机床、手持机床等近 200 套硬件设备。

深圳宝安图书馆创客 e 家提供 10 台平板电脑、3D 打印机、10 台音乐试听机、音

① Arapahoe Libraries. Makerspace［EB/OL］.［2018 – 01 – 03］. https://arapahoelibraries. org/makerspace/.

② Sacramento Public Library. Makerspace［EB/OL］.［2018 – 01 – 03］. http://www. saclibrary. org/Services/Makerspace.

③ Chicago Public Library. Making to learn—what the Chicago public library and its patrons are learning as new members of the make movement［DB/OL］.［2018 – 01 – 03］. http://www. chinalibs. cn/ArticleInfo. aspx?id = 425208.

④ The Public Library of Cincinnati and Hamilton County. Main library makerspace［EB/OL］.［2018 – 01 – 03］. http://www. cincinnatilibrary. org/main/makerspace. html.

响、投影设备、电子鼓等硬件设备。

部分高校图书馆创客空间提供的工具：

美国的杨百翰大学（Brigham Young University）是一所私立的四年制大学，其哈罗德·B. 李图书馆（The Harold B. Lee Library）的创客空间仅配备了 3D 打印机，由馆员为学生和教师提供打印服务①。

美国北卡罗来纳州立大学亨特图书馆创客空间为学生和教师提供的工具有：能使用多种 3D 打印材料的 Lulzbot TAZ 打印机、SLA 光固化 3D 打印机以及工业级的 Stratasys uPrint SE Plus 3D 打印机。此外，图书馆还提供 Arduino 创新套件、物联网入门工具包、iRobot 公司可编程机器人工具包、MaKey MaKey 套件、三维扫描仪、树莓派等的出借服务②。

美国密歇根大学图书馆的 3D 实验室主要为用户提供有关可视化仿真、三维打印与扫描、运动捕捉、建模、动画和设计的工具和软件。在 3D 打印服务方面，根据用户的不同需要提供不同级别的 3D 打印机，如对于初学者提供低成本、易操作的 PrintrBot 打印机，而精度较高的 ProJet 3500、Stratasys J750 打印机则用来满足用户的更高需求③。

美国马里兰大学健康科学与公共事业图书馆创新空间（HS/HSL Innovation Space）的设备包括：3 台支持不同材料的 3D 打印机、2 台 3D 扫描仪、zSpace 虚拟现实 3D 显示屏、Google Cardboard 头显、1 台海报打印机以及按钮制作机和 3D 打印笔，此外还提供 1 个 DNA 分子模型和 2 套分子模型组件，满足健康科学与公共事业专业的学生和教师学习与研究之用④。

当然，图书馆创客空间的工具和设备应根据实际情况如图书馆资金、用户需求等灵活选择，不能盲目购置大型的、昂贵的设备，这些设备也不是能够吸引用户的唯

---

① Harold B. Lee. Library. 3D printing guide：home［EB/OL］.［2018 - 01 - 03］. http://guides. lib. byu. edu/3Dprinting.

② The Hunt Library. Makerspace at hunt［EB/OL］.［2018 - 01 - 03］. https://www. lib. ncsu. edu/do/make-at-hunt.

③ University of Michigan 3D Lab. Welcome!［EB/OL］.［2018 - 01 - 03］. http://um3d. dc. umich. edu.

④ University of Maryland-Health Sciences & Human Services Library. HS/HSL innovation space［EB/OL］.［2018 - 01 - 03］. http://www. hshsl. umaryland. edu/services/ispace/.

一条件。实践中,不乏一些配备低成本设备和工具的图书馆创客空间取得成功的案例。例如,澳大利亚的菲利普港(Philip Port)公共图书馆在一位有折纸特长的馆员带动下,建立了折纸创客空间,利用很少的资金就将社区成员聚集在了一起,取得了良好效果①。罗格斯大学图书馆系统的艺术图书馆从 2014 年开始探索建设低成本创客空间的可能性,先是构建了一个没有 3D 打印机和切割机等设备的乐高游戏站,使罗格斯大学艺术图书馆成为校园里各种事件的催化剂,如活动、竞赛、课程安排等,而游戏站里的乐高积木中有 150 磅是从旧家具中回收而来、125 磅由校友和图书馆工作员捐赠②。2015 年他们开启了移动创客空间乐高创造(LeGOMAKE)项目,将福特翼虎改装成移动创客空间,并在空间里配置 100 英镑的乐高积木、一个充满各种模型版本的折叠机和 300 个乐高脸等。到 2015 年底,LeGOMAKE 项目环游了 5675 英里,拜访了 7 个州的 19 个高校图书馆,为 20 个工作站提供了便利③。

### 三、空间管理

无论空间采取何种管理方式,是由图书馆自己管理还是交由志愿者管理,都必须建立一定的管理制度或行为准则,才能保证空间的正常运行,这些制度包括安全规范、会员管理制度、用户权利和义务等。提供创业辅导和创业平台的众创空间,还需要制定企业入驻的相关标准和服务规范等。

1. 安全规范

使用一定的工具或设备自己动手制作喜欢的物品,是创客空间最大的特点,这就涉及工具使用时的安全问题。安全规范应成为创客空间最严格的规范,尤其是对于配置有激光切割机等机械加工设备的空创客间,首先要引导和保证用户能够规范操作,确保所有人在空间的安全。安全规范包括通用规范和特定设备的操作规程。

---

① 杜文龙,谢珍,柴源. 全民创新背景下社区图书馆创客空间建设研究——来自澳大利亚社区图书馆的启示[J]. 图书馆工作与研究,2017,1(9):25 – 29.

② MEGAN L. Playing with LEGO ® , learning about the library, and "making" gampus connections: the rutgers university art library Lego playing station, part one[J]. Journal of library administration, 2016(4):359 – 380.

③ 袁荃. 面向美国 5 所图书馆移动创客空间的构建研究[DB/OL]. [2018 – 05 – 23]. http://www. chinalibs. net/ArticleInfo. aspx?id = 438086.

（1）通用规范

通用规范用来规定用户进入空间后应遵循的一般性安全规范,如有关着装、发型、年龄、携带物、垃圾处理、一般电器使用以及根据空间实际情况确定的用户必须遵守的其他安全规定。例如,关于着装,如果空间有机械加工设备,一般会要求用户佩戴防护眼镜、手套,不能穿着宽松的衣服,如裙子、有宽大袖子的上衣,不允许佩戴围巾、领带、耳机等,以防被机械夹住受伤;不允许穿露脚趾的鞋;女士还会要求将长发盘起,不允许佩戴戒指、手表、手镯、长的项链等首饰。着装的规定应根据空间配备的工具和设备,在保证安全的前提下,按照尽可能方便用户的原则制定。如韦斯特切斯特公共图书馆(Westchester Public Library)要求用户进入空间使用3D打印机时,不得穿宽松的衣服、佩戴珠宝首饰,长发需要盘起①。

关于年龄。几乎所有的创客空间都要求未成年人需有成年人的陪伴方可进入,同时遵守空间规定,其安全问题由陪同的成年人负责。必要的情况下应制定专门的未成年人安全规则。

关于携带物。如果允许用户带自己的工具或材料进入空间工作,则应考虑工具的用电负荷、对空间其他设备使用的影响、对其他用户造成的影响等进行相应规定;对于用户自己携带的材料,应了解材料的安全数据,不明晰安全数据的材料应谨慎管理。如英国的创客空间Makespace要求创客自带的每一种材料都有MSDS表(安全数据表),打印后与材料放在一起,物品需要贴上标签妥善包装②。食品和饮料应根据空间不同区域进行相应规定,如不允许带进设备操作间,但可以带进阅读区域或休闲区域等。

关于垃圾处理。应实行垃圾分类管理,体现创客空间绿色环保的理念。

关于火情处理。有火情发生时的处置方法及原则,包括如何报警、选择逃生路线、如何帮助他人等。

关于用电安全。如不得私自接拉电线,使用自带电器需征得管理员同意等。

安全防护用品的使用。通常应根据空间配置的设备情况为用户提供一定的安

---

① Westchester Public Library. Makerspace use agreement and release of liability(the "agreement") [EB/OL]. [2018－04－16]. https://wpl. lib. in. us/policies/Makerspace%20Policies. pdf.

② Makespace. Personal storage policy[EB/OL]. [2018－01－03]. http://wiki. makespace. org/Personal_Storage_Policy.

全用品,如安全护目镜、口罩、手套、急救包和灭火器等,应明确告知并要求用户在必要的时候使用安全防护用品。

(2)设备操作规程及管理

为确保安全,一些操作时具有潜在危险的设备,用户应在接受完整的培训后才可以使用,这也是大部分创客空间的安全措施之一。培训内容不仅包括工具或设备的正确操作方法,还应让用户大致了解其工作原理和用途,以避免盲目操作和使用,增加安全系数。此外,每种设备都应有相应的安全操作规程,对有可能发生危险的操作行为应进行特别提示,张贴在醒目位置。以英国创客空间 Makespace 为例,在其维基网站上,每一种设备的主页均包括设备介绍、如何使用、危险事项、在线培训课程以及设备维护等内容,使用户在进入空间之前就对设备有充分的了解。费耶特维尔公共图书馆(Fayetteville Free Library)的 Fab Lab 要求用户必须参加强制性的安全培训,并取得相关认证,才可以使用诸如 3D 打印机、激光切割机、CNC 磨机、缝纫机和塑料切割机等设备。即便是用户使用不需要认证的工具时,也需要由空间管理人员确认用户是否能够以安全或适当的方法使用[①]。美国凯斯西储大学的创客空间思想盒子(think[box])为确保安全,对工具和设备设定了 5 个使用级别,每个级别对应不同的用户群体:一级工具和设备对所有人开放,没有年龄限制,如计算机和打印机等;二级工具和设备对所有人开放,但需要在线提交制作项目,如 3D 打印机、PCB 路由等;三级工具和设备只针对 8 岁以上的用户,需在线学习相应的培训教程,如激光切割机、乙烯基切割机等;四级工具和设备允许 18 岁以上用户使用,14—17 岁的青少年需要法定监护人签署一份责任表后使用,所有使用四级设备的用户都必须严格遵守操作规程,如螺丝刀、手持电动工具等;五级工具和设备允许 18 岁以上用户使用,14—17 岁的青少年需要法定监护人签署一份责任表后使用,与四级设备不同的是,所有使用五级工具和设备的用户必须参加培训课程,如带锯床、钻床、斜切锯等[②]。

(3)材料安全数据表(MSDS)

除了安全规范之外,还需要有一张创客空间可能涉及的材料安全数据表(Material

---

①　Fayetteville Free Library. FFL Fab Lab maker agreement[EB/OL]. [2018 – 04 – 16]. https://www.fflib. org/sites/default/files/fflfablabmakeragreement2015. pdf.

②　Access Policies. Lab policies[EB/OL]. [2018 – 04 – 16]. http://thinkbox. case. edu/policies.

Safety Data Sheet,MSDS),以便为管理人员和急救人员以安全的方式处置或处理特定物质提供信息,同时用户也有权利了解每种材料的安全性能。MSDS 包括诸如材料的物理性质(熔点、沸点、闪点等)、毒性、对健康的影响、急救、反应性、储存、处置、保护设备和泄漏处理程序及其在创客空间的储存位置等信息。如涉及的材料较多,每一种材料应分别编号,统一管理。材料安全数据表主要内容如下:

品名及产地:标明材料名称、生产企业名称及其电话、地址、网址等。

材料的化学成分。

危险性描述:简要概述其最重要的危害和效应,如对健康/环境的危害、燃爆危险等信息。

急救措施:指作业人员意外受到伤害时,所需采取的现场自救或互救的简要处理方法,包括眼睛接触、皮肤接触、吸人、食人的急救措施。

意外泄漏和救火措施:包括适用和不能使用的灭火剂、泄漏后的个人措施及环境措施、清洁方法。

处理与保存:如在高温下的机械设备可能会释放蒸气或其他气体,需要做到通风良好。标明材料所需的正确贮存条件。

暴露控制和个人防护:标明呼吸、手、眼睛、皮肤与身体的防护措施。

物理和化学性质:如熔点、闪点、闭口、自燃点、分解温度等。

废弃物处置:使用材料产生的相关废弃物的正确处理方法。

材料的位置信息:标明材料在创客空间的放置地点[①]。

当然,图书馆创客空间也可以根据实际情况对材料的危险性进行更为简单明了的标示。克利夫兰公共图书馆的科技中心创客空间针对激光切割制定了材料切割规范,以表格的形式说明材料切割、蚀刻时可能给人和设备带来的风险。例如,禁止切割材料表,内容包括材料名称、危害、禁止切割的原因及后果;可切割材料表,内容包括材料名称、可切割的最大厚度、注意事项、危险事项等[②]。

---

① 马军,等. MSDS(材料安全数据表)的意义及内容[J]. 中国石油和化工标准与质量,2006(4):39-42.

② Cleveland Public Library. Material cutting policies[EB/OL].[2018-04-16]. https://cpl.org/wp-content/uploads/NEVER-CUT-THESE-MATERIALS. pdf.

2.用户协议

包括安全在内的所有管理制度,只有通过用户协议才能具有真正的约束效力,同时用户协议还可以帮助用户了解空间的创办宗旨,提供的设备、技术、培训以及服务的预期效果等,让用户明白在空间里真正能做的事情和不能做的事情。用户协议既要能保证用户的创新、创造自由,保护用户免受潜在伤害,保证他们的安全,同时还能规范用户行为,保障创客空间的正常运转。用户协议通常包括以下几部分内容。

(1)空间使用对象

关于创客空间的适用对象,一些创客空间考虑到某些工具的潜在的危险性,会在协议中对空间使用对象进行限制性规定。例如,费耶特维尔公共图书馆的 Fab Lab 在用户协议中明确指出由于一些工具存在潜在危险,要求 9 岁以下的儿童需在家长的监管之下进入创客空间,并要求 11 岁以下的儿童必须有一名会使用缝纫机的家长或监护人陪同,16 岁以下的儿童必须在家长或监护人陪同下使用激光切割机和数控铣床。父母或监护人须在用户协议上签字并提供电话、邮箱、地址、读者卡等信息[①];加利福尼亚圣何塞公共图书馆的青少年总部创客空间(TeenHQ Makerspace)提供 3D 打印、皮革制作、激光切割等服务,面向 12—18 岁的初中和高中学生开放,要求父母或监护人陪同并在用户协议上签字,同时提供孩子年龄、父母或监护人电话、邮箱、地址等信息[②]。克利夫兰公共图书馆的创客空间 TechCentral 规定所有用户必须签署用户协议方可使用创客空间,13—17 岁的未成年人由其父母或法定监护人代签。协议签署后会发放给用户空间使用证。用户在协议中还需提供本人地址、电话、读者卡等信息,未成年人的父母或监护人也需提供上述信息[③]。韦斯特切斯特公共图书馆要求 12 岁以下未成年人必须由父母或监护人陪同并签署用户协议,同时允许残疾

①　Fayetteville Free Library. FFL Fab Lab maker agreement[EB/OL].[2018–04–16]. https://www.fflib.org/sites/default/files/fflfablabmakeragreement2015.pdf.

②　San Jose Public Library. SJPL teen HQ makerspace agreement[EB/OL].[2018–04–16]. https://www.sjpl.org/sites/default/files/documents/TeenHQContract.pdf.

③　Cleveland Public Library. Cleveland public library techcentral makerspace user agreement[EB/OL].[2018–04–16]. https://cpl.org/wp-content/uploads/MakerSpace-Agreement-Final-Plus-FORM-12.27.16.pdf.

人使用创客空间,但需要提前预约以满足他们的特殊需求①。

高校创客空间一般面向本校师生开放,但在适用对象上也会有一些限制性规定。例如,华盛顿大学波赛尔校区(University of Washington Bothell,UWB)创客空间面向全校师生开放,但考虑到安全问题,在用户协议中明确规定禁止 18 岁以下人员使用创客空间,禁止用户为 18 岁以下的人提供访问创客空间的权限,并在协议中要求提供用户电话、常住地址以及紧急联系人姓名、电话、与用户本人的关系等信息②;北卡罗来纳大学图书馆的创客空间只针对持有校园卡的学生、教师以及工作人员工放,在协议中要求用户提供身份证和读者卡信息③。

(2)关于收费项目

是否设定收费项目以及收费的多少由图书馆根据自身经费情况和空间管理需要来确定。图书馆创客空间的收费项目主要涉及两个方面:

一是 3D 打印等的材料成本。如克利夫兰公共图书馆创客空间 TechCentral 用户协议有关收费的条款规定,"选择材料、工具和设备时需出示空间使用证或读者卡以及有效的政府签发的带照片证件。这些证件将临时保存在创客空间,在用户支付了材料费并退回所有设备和工具时返还""用户有责任支付相关设备使用和材料成本。未能自行报告材料使用情况并支付使用设备和/或材料的费用将被停止空间使用权限。用户同意对空间计算机和设备的任何损坏承担经济责任"④。TechCentral 并没有在协议中体现具体的收费标准,而是在其主页给出了单独的收费列表,收费项目包括 3D 打印机、雕刻机和刻字机的材料费⑤。哥伦比亚大学图书馆的 3D 打印服务

① Westchester Public Library. Makerspace use agreement and release of liability(the"agreement")[EB/OL].[2018 − 04 − 16]. https://wpl. lib. in. us/policies/Makerspace% 20Policies. pdf.

② UWB MakerSpace. Makerspace user agreement[EB/OL].[2018 − 04 − 16]. http://www. uwb. edu/innovation/collaboratory/user-agreement.

③ NC State University. Makerspace policies[EB/OL].[2018 − 04 − 16]. https://www. lib. ncsu. edu/makerspace/policies.

④ Cleveland Public Library. Cleveland public library techcentral makerspace user agreement[EB/OL].[2018 − 04 − 16]. https://cpl. org/wp-content/uploads/MakerSpace-Agreement-Final-Plus-FORM-12. 27. 16. pdf.

⑤ Cleveland Public Library. Cleveland public library fines and feees schedule:part B photoduplication office and makerspace fees[EB/OL].[2018 − 04 − 16]. https://cpl. org/wp-content/uploads/APPENDIX_A_-_FINES_AND_FEES_SCHEDULE_REVISED_2016_MARCH_PartB_FINAL_2. pdf.

面向全校师生，不收取任何费用，但如果用户要求打印大型模型或由多个大型零部件组成的模型时，则要求用户捐赠约 30 美元的材料，用于自己和其他用户打印①。德州理工大学图书馆创客空间收取用户每克 6 美分的 3D 打印材料费和 1 美元的基础项目费，但用于课程或研究的打印项目不收取任何费用②。

二是由于用户操作不当或其他个人原因造成的设备故障、损毁或丢失，图书馆有权要求用户进行赔偿③。例如，马里兰大学图书馆创客空间规定，在用户使用空间后，若发现空间中的任何物品处于永久不可用或损坏状态，或在用户使用空间期间，空间中的任何物品发生丢失或被盗，则需向用户收取一定的费用，包括更换或购买物品的费用④。费耶特维尔公共图书馆要求用户使用或借用的物品应以相同的条件返回，但允许有正常的磨损，如有损坏，应同意接受图书馆工作人员的评估后进行赔偿。但是对于那些实行免费的创客空间，则只有惩罚性措施，并没有赔偿条款，如华盛顿大学波赛尔校区创客空间为师生提供的所有服务均为免费，因此其惩罚措施中没有赔偿条款，而是诸如暂停或取消用户访问空间的权限，或根据相关法律法规依法处理等⑤。

（3）关于知识产权和作品的合法性

用户协议中应明确要求用户在创新和制作过程中不得违反国家相关法律法规，并遵守有关知识产权的规定。例如，马里兰大学健康科学与公共事业图书馆在用户协议中明确指出，3D 打印机只能用于合法目的，严禁制作地方、州或联邦法律禁止的物品，不安全、有害，或对他人构成直接威胁的物品，以及淫秽或其他不适合图书馆

---

①　Columbia University Libraries. 3D print policies[EB/OL]. [2018 – 04 – 16]. https://blogs. cul. columbia. edu/3dprint/policies/.

②　Texas Tech University Libraries. Policies[EB/OL]. [2018 – 04 – 18]. http://www. depts. ttu. edu/library/make/policies. php.

③　Fayetteville Free Library. FFL Fab Lab maker agreement[EB/OL]. [2018 – 04 – 16]. https://www. fflib. org/sites/default/files/fflfablabmakeragreement2015. pdf.

④　University of Maryland Libraries. MakerSpace policies[EB/OL]. [2018 – 04 – 16]. https://www. lib. umd. edu/tlc/makerspace-policies.

⑤　UWB MakerSpace. MakerSpace policies[EB/OL]. [2018 – 04 – 16]. http://www. uwb. edu/innovation/policies.

环境的项目;不得复制违反知识产权或受版权、专利和商标保护的项目①。德州理工大学图书馆要求用户在提交 3D 打印文件或使用创客空间设备时,同意对与专利、商标或版权相关的所有事项承担全部责任,并且保证不对图书馆创客空间造成损害②。克利夫兰公共图书馆 TechCentral 在用户协议中要求用户遵守用户指南中的政策、克利夫兰公共图书馆网络和计算机使用政策以及任何其他适用的图书馆政策;用户同意遵守所有适用的版权法和许可协议,同意在使用空间时不违反任何地方、州或联邦法令法规。不遵守这些政策的后果是用户使用空间的权限将被暂停或丧失③。韦斯特切斯特公共图书馆规定 3D 打印机仅用于合法目的,不得违反地方、州或联邦法律,若用于危害他人健康的有害或危险物品,淫秽或其他适当的作品,侵犯他人知识产权、受专利或商标保护的作品,图书馆均有权拒绝为其提供服务④。

应该说,一个完整的用户协议涉及创客空间对用户管理的方方面面,是保证创客空间正常运行的有效手段。但就目前已有的用户协议而言,在问题发生时的责任认定过程中更多立足于图书馆的角度;图书馆创客空间在强调用户尊重他人知识产权、遵守法律法规的同时,并未明确对用户隐私的保护⑤。例如,马里兰大学健康科学与公共事业图书馆在用户协议中就明确"不能保证用户作品设计的机密性",还有些图书馆规定用户在空间完成的 3D 打印作品将被收入图书馆相关数据库或直接在空间主页展示,同样忽略了用户可能存在的对项目设计、制作的隐私和知识产权保护的需求,这些是图书馆建设创客空间时应该重新思考的问题。

————————

①　University of Maryland Health Sciences and Human Services Library. User agreement form for the HS/HSL innovation space[EB/OL]. [2018 – 04 – 18]. http://guides. hshsl. umaryland. edu/ld. php?content_id = 8602875.

②　Texas Tech University Libraries. Policies[EB/OL]. [2018 – 04 – 18]. http://www. depts. ttu. edu/library/make/policies. php.

③　Cleveland Public Library. Cleveland public library techcentral makerspace user agreement[EB/OL]. [2018 – 04 – 16]. https://cpl. org/wp-content/uploads/MakerSpace-Agreement-Final-Plus-FORM-12. 27. 16. pdf.

④　Westchester Public Library. Makerspace use agreement and release of liability(the"agreement")[EB/OL]. [2018 – 04 – 16]. https://wpl. lib. in. us/policies/Makerspace%20Policies. pdf.

⑤　朱坚,袁永翠,张华阳,等. 美国图书馆创客空间用户协议内容分析及启示[J]. 图书馆建设,2017(3):61 – 65.

**四、空间运营**

事实上,运营好一个创客空间远比创建要困难得多。创客空间运营要解决诸多问题诸如资金筹措,活动与服务开展、拓展与合作、新技术应用等,只有这些问题解决好了,才能保证创客空间的可持续发展,为用户提供他们需要的服务。

1. 资金筹措

一定的软硬件资源配置是图书馆创客空间为用户提供创新创意服务的基础,同时,空间建成后的宣传、服务和活动开展以及设施设备维护也需要大量经费,光靠图书馆自身的力量难以为继,需开发多种资金筹措渠道,保证空间整体发展的资金持续供给。美国学者约翰·伯克(John Burke)曾对109所正在开展或即将开展创客空间服务的图书馆展开调查,结果显示:使用图书馆预算内资金、获得资助、捐款、上级部门的预算外专款以及包括本地投资者的其他机构或个人投资分别占36%、29%、14%、11%、11%[①]。综合国内外情况来看,为获得创客空间建设和运营的持续资金保障,目前图书馆创客空间除图书馆自己投资外,资金来源渠道呈现出多元化特点。

(1)政府专项资金

2015年,在白宫举办的"创客嘉年华"上,美国博物馆和图书馆服务协会(Institute of Museum and Library Services,IMLS)宣布将大力支持全美社区学习中心的创新和创造活动。IMLS主任苏珊·德雷思表示,在全国范围内,图书馆和博物馆正向"创客"敞开大门,IMLS将通过提供国家层面上的政策和资金,支持图书馆和博物馆举办的学习与实践活动。2015年春季,IMLS通过在线培训,向全美100多位图书馆和博物馆的专业人员传授了有关文化、机械学等方面的核心技能。同年5月,IMLS与北卡州立大学图书馆、芝加哥公共图书馆共同发起了一项名为"Maker@ Your"的项目,旨在帮助全美图书馆推出创客空间服务。所有图书馆均可向IMLS申请研究和项目基金支持创客活动[②]。

而早在2013年,加利福尼亚州的帕罗奥图市图书馆(Palo Alto City Library)与帕

---

① Gary Price. Results from "Makerspaces in Libraries" study released[EB/OL]. [2018 - 05 - 10]. https://www.infodocket.com/2013/12/16/results-of-makerspaces-in-libraries-study-released/.

② 陈璐. 美国博物馆和图书馆迎来"创客"嘉年华[EB/OL]. [2018 - 05 - 11]. http://www.sohu.com/a/34081919_244916.

罗奥图市艺术中心合作,为全市青少年开设了移动创客空间 makeX。该项目就是由 IMLS 根据《图书馆服务与技术法案》(*Library Services and Technology Act*, LSTA) 提供部分资助,加利福尼亚州立图书馆负责管理①。同年,韦斯特波特图书馆(Westport Library) 获得 IMLS 约 24 万美元,用于创建一种能够将互动文化进行系统整合从而融入图书馆行业的新型创客空间②。2014 年,费城免费图书馆获得 IMLS 提供的 499 974 美元的资助,用于在费城北部图书馆服务水平相对较低的社区建设创客空间,帮助这些社的居民获得技术和参与式教育,并鼓励创造性的应用和合作项目,最终形成能在全美复制和推广的图书馆创客空间建设模型③。2015 年,肯特州立大学塔斯卡拉沃斯图书馆(Tuscarawas library) 获得 IMLS 资助的 23 996 美元,并用于创客空间建设,学校同时也提供了 8000 美元的配套资金④。2016 年,梅诺米尼民族学院 S. 维纳 · 福尔勒(S. Verna Fowler) 图书馆与梅诺米尼公共图书馆获得 IMLS 15 万美元的资助,用于建设以参与式学习为主的创客空间,提高青少年的图书馆利用率⑤。

(2)与企业或其他机构合作

美国图书馆协会 2014 年发布的《图书馆创客空间建设工具包》中指出,许多图书馆的创客空间都是在合作伙伴的帮助和支持下建立起来的。图书馆不必在任何事情上都表现得很专业,但需要有合作意识⑥。事实也证明,图书馆与企业或其他社会机构合作共建创客空间,不仅能解决资金问题,还能获得空间运营所需的其他资源。当然,合作并不一定意味着由对方直接提供资金,更多的情况下是为图书馆节省资金。图书馆应尝试从以下几个方面着手:

---

① City of Palo Alto. A mobile place for making, all for teens [EB/OL]. [2018 – 05 – 11]. https://www.cityofpaloalto. org/gov/depts/csd/artcenter/news/displaynews. asp?NewsID = 2251&TargetID = 308.

② Institute of Museum and Library Services. Talking points: museums, libraries, and makerspaces [EB/OL]. [2018 – 05 – 11]. https://www.imls. gov/assets/1/AssetManager/Makerspaces. pdf.

③ Institute of Museum and Library Services. LG-07-14-0096-14 [EB/OL]. [2018 – 05 – 11]. https://www.imls. gov/grants/awarded/lg-07-14-0096-14.

④ Makerspace to Assist Student Entrepreneurs [EB/OL]. [2018 – 05 – 11]. https://www.kent. edu/tusc/news/success/library-receives-grant-makerspace

⑤ Kent State University. Institute of museum and library services. NG-03-16-0014-16 [EB/OL]. [2018 – 05 – 11]. https://www.imls. gov/grants/awarded/ng-03-16-0014-16.

⑥ Young Adult Library Services Association. Making in the library toolkit [EB/OL]. [2018 – 05 – 11]. http://www. ala. org/yalsa/sites/ala. org. yalsa/files/content/YALSA%20Making%20Toolkit. pdf

一是考察图书馆服务范围内是否已经有社会化的创客空间在运营。如果有,可以考虑双方在场地、设备工具、活动等方面的合作。事实上,类似的合作在公共图书馆早已有之,如总分馆建设中,由合作方提供场地,图书馆提供文献资源等,最终实现图书馆、合作机构和读者的多赢合作模式。以江苏省江阴市图书馆的"三味书咖"阅读联盟为例,由咖啡馆提供场地、相关设备并配备服务人员,图书馆提供书籍和业务指导。合作的结果是市民在咖啡馆不仅能喝咖啡、免费阅览图书,还能和在图书馆一样办借书证、借书还书①;图书馆节省了场地装修和购买设备的费用,咖啡馆借此增加了顾客流量,树立了良好的社会形象。图书馆与社会化创客空间的合作也可以采取类似的模式。其中,社会化创客空间的优势在于有较为成熟的运营模式,已经实施或正在实施的创新创意项目,现成的场地和工具设备;而图书馆的优势在于有丰富的文献资源可为创客空间提供智力支持,其公益属性和稳定、多元化的用户群体可扩大创客空间的社会影响力。需要注意的是,在具体的合中要找出彼此合作的共赢点才能保证合作的持续发展。此外,一些知名或大型的社会化创客空间为扩大业务范围也会寻求跨区域的合作,这为图书馆创客空间寻找合作伙伴提供了很好的机会。

美国塞瑞亚学院(Sierra College)是一所位于加州罗克林(Rocklin)的公立社区学院,而黑客实验室(Hacker Lab)是一家拥有2000余名个人会员和企业会员的创客空间。2015年5月,由塞瑞亚学院提供租赁空间、设备、家具和许多其他资源,Hacker Lab负责运营并提供相关技术,在罗克林建立了Hacker Lab分店罗克林创客空间,目的是提供教育、支持创业和建立创新社区。罗克林创客空间的建成为学生们提供了一个体验空间,企业可进行概念测试并找到实习生,成员间的相互协作可产生创业公司并为社区提供就业机会,校园机器人俱乐部、企业智囊团、学生学习小组、艺术家和社区成员都能够利用空间并相互合作②。

美国伊利诺伊厄本那免费图书馆(Urbana Free Library)的青少年开放实验室(Teen Open Lab)是一个专为青少年服务的小型创客空间,为青少年提供课后活动和

① 宫昌俊,曹磊."三味书咖"城市阅读联盟概述——江阴全民阅读社会化发展的实践与探索[M]//霍瑞娟,刘锦山.基层图书馆建设与服务创新.北京:国家图书馆出版社,2016:168-171.

② Sierra College. Makerspace at Sierra College[EB/OL]. [2018-05-14]. http://make. xsead. cmu. edu/knowledgebase/schools/schools/sierra-college.

获得科学、技术、工程、艺术和数学学习的创造性技术的安全场所,其建立和运营也主要依靠合作:与香槟社区实验室(Champaign-Urbana Community Fab Lab)紧密合作,由对方提供设备和志愿者;与厄本那创客空间(Makerspace Urbana)合作,由对方提供工作坊服务等①。

美国马萨诸塞州沃特敦免费公共图书馆(Watertown Free Public Library)的创客空间哈奇(Hatch)的宗旨是让沃特敦的每个人都成为创客,为用户提供3D打印机、激光切割机、缝纫设备、电子设备等。Hatch由沃特敦社区基金会(Watertown Community Foundation)资助,沃特敦广场(Watertown Square)提供免费场地②。

库X咖啡是鄂西首个创新型社会创业孵化平台、宜昌首家纯互联网思维的众筹咖啡馆。2015年9月,三峡大学图书馆与库X咖啡合作,通过资源整合,由图书馆提供场地,借力库X咖啡低成本、开放式的创业孵化平台,合力共建了宜昌"大学生创客空间",为大学生创业者搭建了与投资者交流与合作的沟通渠道与平台,有效地拓展了全校大学生创新创业的新局面③。

长沙市图书馆新三角创客空间(Triangle Space)就是由深圳柴火创客空间援建的图书馆创客空间,也是柴火创客空间在全国援建的第一家图书馆创客空间。柴火创客空间为新三角创客空间提供基础设备,开源套件以及创客空间运营指导和技术服务④。

此外,图书馆还可以尝试与企业、社会组织、学校以及其他专业团体合作,看对方是否有兴趣或能否找到两方合作的共赢点。尤其是对于高校图书馆来讲,发挥学校和企业的各自优势,实施"产学结合、校企合作"是高校与企业实现双赢的有效模式之一,高校图书馆创客空间可以在其中发挥重要作用。企业为高校图书馆提供创客空间技术与相关资源支持的同时,又能融合高校的研究与开发能力推动企业自身

---

① The Urbana Free Library. About the teen open lab[EB/OL]. [2018 – 05 – 14]. https://urba-nafreelibrary. org/teens/about-teen-open-lab.

② Watertown Free Public Library. Hatch makerspace[EB/OL]. [2018 – 05 – 14]. http://www. watertownlib. org/148/Hatch.

③ 三峡大学. 湖北省首家创新型大学生创客空间正式落户三峡大学[EB/OL]. [2018 – 05 – 14]. http://www. ctgu. edu. cn/info/1014/25537. htm.

④ 柴火创客空间. 湖南长沙市图书馆"新三角创客空间"[EB/OL]. [2018 – 05 – 14]. http://www. chmakered. com/case_b. html.

的发展。例如,上海交通大学与京东合作共建的"交大—京东创客空间",既是图书馆延伸服务的场所,又是在校师生、校友创客以及相关校外企业开展交流、讲座等活动的基地,还是上海交通大学与京东合作项目的实践场所①。

(3)图书馆间的协作与互助

图书馆间的协作与互助,美国新泽西州图书馆的做法值得借鉴。2013 年,美国新泽西州图书馆与其资助的公益组织 LibraryLinkNJ 联合推出了"新泽西图书馆创客空间——前沿 2013—2014"计划,目的是以补贴的方式实现全州图书馆创客空间建设的战略目标。该计划由新泽西州图书馆和 LibraryLinkNJ 分别出资 50 000 美元,通过资格审查、提交申请、签订合同等环节,为 15 家图书馆提供创客空间建设的资金支持。具体资助金额依据公共图书馆的服务人口、高校和医院图书馆的全日制学生人数等分为若干档次。例如,公共图书馆读者数量少于 1499 人,可获得 3750 美元,超过 1 万人则可获得 12 500 美元;而高校和医院图书馆读者数量少于 2499 人可获得 3750 美元,超过 2 万人才可获得 12 500 美元。获得资助的 15 家图书馆根据当地情况进行了创客空间建设,服务内容包括青少年 STEM 教育、数字媒体空间、当地历史文化以及农业、手工技艺等②。

位于马萨诸塞州皮博迪研究所图书馆的创客空间——创意实验室(Creativity Lab)在 1500 平方英尺的区域内为用户提供 3D 打印、铣削、激光切割、缝纫、刺绣、木工、录音、大幅面印刷等设备,并免费提供包括 ARDUNO、编程、电路、基础电子学、Adobe 创意套件等的课程。其资金来源包括市政府、皮博迪社区发展局、海伦·萨维茨基信托基金、皮博迪警察局、东部银行以及依据 LSTA 获得的政府资助,同时还包括来自皮博迪学院图书馆基金会和皮博迪学院图书馆之友的资助③。

(4)成本控制和其他资金筹措渠道

为鼓励更多的人尝试新技术,一些公益性的创客空间往往会选择在正式运营的

---

① 尤晶晶. 创客文化孕育地　校企合作新典范——交大—京东创客空间正式落成[EB/OL]. [2018 – 05 – 14]. http://www. lib. sjtu. edu. cn/index. php?m = content&c = index&a = show&catid = 211&id = 1177.

② LibraryLinkNJ. New Jersey library makerspaces—the leading edge 2013 – 2014[EB/OL]. [2018 – 05 – 10]. http://librarylinknj. org/projects/makerspaces.

③ The Creativity Lab. What's this? [EB/OL]. [2018 – 05 – 10]. http://www. peabodylibrary. org/creativitylab/about. html#what.

第一年实行免费开放,即不收取用户包括材料费在内的任何费用。一年后,则开始收取一定的材料成本费,如用于 3D 打印的材料成本费,以及由于用户原因而导致的工具和设备丢失或损坏的修理费或购置费来进行成本控制,这也是国内外很多图书馆创客空间的做法。关于收费方式,我们在前面的用户协议中已有涉及和列举,不再赘述。

此外,在保证公益性的前提下,在能力许可的条件下向用户提供个性化产品定制或制造产品用于募捐、培育优质项目通过众筹向公众筹集资金等也是图书馆可以考虑的资金筹措渠道和办法。

无论哪种资金来源,都离不开图书馆界的积极争取与努力以及与企业界、其他行业组织、机构等的合作。在我国,2015 年 3 月,国务院办公厅印发了《关于发展众创空间推进大众创新创业的指导意见》,将众创空间建设上升到国家层面。一些地方政府出台相关政策,对创客空间进行专项资助。例如,深圳市政府出台了《深圳市关于促进创客发展的若干措施》《深圳市促进创客发展三年行动计划(2015—2017年)》《深圳市创客专项资金管理暂行办法》,为创客活动提供空间载体的项目资助,支持创客空间为创客提供器材、工具、设备等硬件资源和相关软件,开展创意分享、资源对接、创业辅导等活动。但目前没有明确的对图书馆创客空间的资助政策,也没有图书馆创客空间获得类似的专项资金支持。当前,图书馆界应充分发挥行业组织作用,积极向社会呼吁和宣传图书馆创客空间的社会作用,同时还要不断与社会化创客空间、企业以及其他社会机构合作,尽快提升图书馆创客空间的服务质量和服务层次,引发更广泛的社会关注,从而获得更多的政府和民间力量的资助。

2. 活动与服务开展

(1)服务项目设计

图书馆创客空间服务不仅仅是要满足用户的创新创业需求,还要担负起创客教育的社会责任,培养更多用户的创造创新能力、提升他们的创业与就业技能。不同类型的图书馆创客空间针对的用户群体不同,因而服务项目设计的整体侧重点也会不同。例如,对于公共图书馆来说,服务项目设计应体现实用性和实践性,注重培养社区居民的创造能力、生活能力以及就业和创业技能;此外一些图书馆还推出与当地历史文化相关的创客空间项目,如鼓励用户参与本地历史文化的数字存档等。而高校图书馆创客空间的服务项目设计则更注重学以致用,注重对学生理论与实践相结合的应用,创客项目往往与学生所学专业或从事的研究有关;此外,高校图书馆创客空间更注重在完成项目的过程中培养学生的团队合作精神,激发他们的创新创意活力和热情。2015 年,澳大利亚学者安妮·旺加(Anne Wonga)和海伦·帕特里奇(Helen Partridge)对澳大利亚高校创客空间的一项调查显示,15 个高校创客空间中最常见的服务项目是与学生的课程或科研项目有关的服务,其次才是协作型项目和个人项目①。

当然,图书馆的类型并不是设计创客服务项目的唯一参考,图书馆更需要考察所在的社区需要哪些服务,哪些服务又能够促进或适应当地经济和社会的发展。例如,高校图书馆与校外的广泛合作在给学生带来创新创业机会和服务的同时,也需要对合作社区承担一定的创客教育责任,因而也会影响服务项目的设计。

1)公共图书馆创客空间服务项目案例

华盛顿哥伦比亚特区是美国主要的表演艺术中心,因此哥伦比亚特区公共图书馆(DC Public Library)的创客空间除制造类服务外,也开设有与音乐艺术相关的服务项目。主要包括:①记忆实验室(Memory Lab):提供数字化家庭电影、照片扫描和幻灯片制作的设备和培训,以满足用户的个人信息数字存档需求②。②视听实验室(Studio Lab Express):提供摄影、录像、作曲和录音的全程服务和培训③。③制造实验室 Fab Lab:于 2018 年开放,主要提供新兴的、基于计算机技术的新老工具和项目,如激光切割机、3D 打印机、焊接工具、缝纫机等④。

纽约费耶特维图书馆(Fayetteville Free Library)成立了创意实验室(Creation Lab)和 Fab 实验室(Fab Lab)。创意实验室是一个数字媒体创作空间,在这里用户可拍摄照片、视频,设计博客、网站、播客以及制作音乐曲目等⑤。Fab 实验室则配备了

① WONGA A,PARTRIDGE H. Making as learning:makerspaces in universities[J]. Australian academic & research libraries,2016,47(3):1 - 17.

② DC Public Library. The memory lab[EB/OL]. [2018 - 05 - 10]. https://www. dclibrary. org/labs/memorylab.

③ DC Public Library. Studio lab express[EB/OL]. [2018 - 05 - 10]. https://www. dclibrary. org/labs/studio.

④ DC Public Library. The fabrication lab at DC public library[EB/OL]. [2018 - 05 - 10]. https://www. dclibrary. org/labs/fablab.

⑤ Fayetteville Free Library. FFL creation lab[EB/OL]. [2018 - 05 - 10]. https://www. fflib. org/creation-lab.

诸如 3D 打印机、CNC 磨机、缝纫机、珠宝制作工具等设备①。此外,图书馆还为儿童设计了小创客制作区(Little Makers),旨在激发他们的想象力和创造力,服务对象主要针对一年级及以上儿童,服务内容包括乐高玩具、麦格弗积木、Goobi 磁性组合套件、齿轮玩具 kaleidogears、iPad、编程教学机器人 Dash Robot、儿童美术作品展示及创作等②。

旧金山公共图书馆在其主馆开设的"混合"(MIX)是服务于 13—18 岁青少年的数字媒学习空间,主要由创客空间开放工作室、电视视频编辑室、游戏室、舞蹈室、卡拉 OK 室、图书俱乐部等空间构成,青少年可以学习视频制作、音频录制、编程、3D 打印、缝纫、烹饪等技能。在 27 个分馆中开设的手工艺空间向 10—18 岁青少年提供衣服、机器人、食物的原料与制作培训等;教授儿童将牛仔裤、T 恤、地图、图书、谷物盒等废旧物品再利用,学习如何将其变成独一无二的艺术品。

移动厨房(Biblio Bistro)是旧金山公共图书馆非常有特色的创客服务,被评为 2016 年美国公共图书馆优秀案例。该项目在户外(如公园、农贸市场)向用户免费提供烹饪设备、材料及相关课程,主要内容包括当地食材介绍、食材挑选、烹饪工具介绍及使用、烹饪过程及技巧、烹饪实验等③。

2)高校图书馆创客空间服务项目案例:

罗杰斯图书馆(Rodgers Library)是阿拉巴马大学服务于工程学院、卡普斯顿护理学院和艺术与科学学院的系部图书馆,其创客空间分为 3D 打印工作室和演示练习室两部分,其中演示练习室是与教育学院图书馆联合开办。3D 打印工作室提供 3D 打印、扫描、培训等服务④;演示练习室配备有录像机、显示器以及相关软件,用以帮助学生制作演示文稿⑤。

---

① Fayetteville Free Library. FFL Fab Lab[EB/OL]. [2018 – 05 – 10]. https://www. fflib. org/fab-lab.

② Fayetteville Free Library. Children's spaces[EB/OL]. [2018 – 05 – 10]. https://www. fflib. org/childrens-spaces.

③ 方婷. 旧金山公共图书馆创客空间实践研究[DB/OL]. [2018 – 05 – 17]. http://www. chi-nalibs. net/ArticleInfo. aspx?id = 433868.

④ Rodgers Library. Makerspaces:makers, hackers, DIYs, and hobbyist reference guide:start here[EB/OL]. [2018 – 05 – 10]. http://guides. lib. ua. edu/makerspaces.

⑤ Rodgers Library. Presentation practice rooms[EB/OL]. [2018 – 05 – 10]. https://www. lib. ua. edu/using-the-library/presentation-practice-rooms/.

肯特州立大学塔斯卡拉沃斯图书馆是俄亥俄小企业发展中心、商业和社区支持中心以及校园创业项目黑石发射台(Blackstone LaunchPa)所在地,同时毗邻 TeloTy 科技孵化园和塔斯卡拉沃斯县工业园,这使得图书馆创客空间的服务项目设计更注重培学生的创业素养,为他们的创新创业提供支持。除提供 3D 打印机、头戴显示器、刻字机、电子和机器人套件、触屏监视器等硬件设备和培训课程、研讨会外,还与当地其他企业合作,为学生提供商业机会;提供合作企业的资源,帮助学生了解如何获得企业帮助①。

美国卡耐基梅隆大学(Carnegie Mellon University,CMU)拥有享誉全球的计算机学院和戏剧学院,其艺术学院、商学院、工程学院以及公共管理学院等也在全美名列前茅。匹兹堡分校亨特图书馆(Hunt Library)开设的创客空间——设计、艺术和技术一体化创客空间(Integrative Design,Arts,and Technology,IDeATe)为综合艺术、设计和工程技术的本科生和毕业生提供服务,具体服务项目包括:①工具借用服务,IDE-ATE 拥有大量的技术和媒体设备以及物理计算组件,凡是参加 IDeATe 任何一门课程的学生都可通过借阅系统借用工具,同时还可以从借阅台快速购买课程或项目中使用的各种消耗品。②工作室服务,提供可分别容纳是 70 人和 35 人的大小工作室两间,配备大屏幕和可移动式电视机、会议桌和白板等,供学生研讨和举办活动之用。③嵌入式计算原型设备共享实验室,提供进行电子、编程、原型组装和测试的工作台、工具、相关部件以及相关课程。④媒体实验室,提供灯光系统、运动捕捉系统、音频混音控制台等。⑤制造实验室,提供快速原型教学和学生项目服务。⑥木工车间,提供钻床、带锯、皮带砂光机和其他电动工具服务,学生需接受培训后使用。⑦数控路由器实验室,可通过编程使用数控设备切割木材、塑料和泡沫,需接受培训后使用②。由此可以看出,IDeATe 所开设服务项目与 CMU 开设专业密切相关。

(2)创客活动策划与开展

创客活动是创客空间聚集人气、吸引创客加入、营造创新创意氛围、进行创意产品展示、为创客提供交流沟通平台等的重要手段。创客活动开展得成功与否,是创

---

① Kent State University. Our makerspace[EB/OL].[2018 – 05 – 17]. http://libguides. tusc. kent. edu/c. php?g =440118&p =2998898.

② IDeATe. IDeATe resources[EB/OL].[2018 – 05 – 17]. https://resources. ideate. cmu. edu/spaces/.

客空间运营是否成功的关键因素之一。创客活动会直接影响创客空间后期服务的开展。

一项活动的开展,会涉及活动策划方案、设备及现场布置、突发状况处理、媒体宣传等方方面面,因此,首先应成立专门的活动小组来实施。当然,活动开展可能需要更多的馆员参与,活动小组应成为创客空间活动开展的骨干力量,不仅仅是负责某一次或某一项活动,而是创客空间所有活动的联络者、组织者、协调者和策划执行者。活动小组的人员组成除馆内相关人员外,还应尽可能吸纳热爱创新创意的资深创客和志愿者的加入,他们往往有更广泛的"创客人脉",有丰富的创客项目和活动的实践经验,极具共享精神和极高的创意热情,因而能带动更多人加入到创客空间,也能为图书馆创客空间的活动开展提出建设性意见。此外,还可以力邀社会化创客空间、合作企业或组织的相关人员参与活动组织与策划,从他们的视角对活动的策划、组织和开展给予指导,有利于馆员跳出图书馆传统服务的框架,进而真正适应创客空间的服务模式和内容。

例如,费耶特维尔公共图书馆的大部分创客项目就是由社区成员组织的,他们自愿花时间和邻居分享他们的热情和知识。目前,图书馆几乎完全不需要外聘专家来开展项目,创客空间的重点是提供一个平台,让社区成员分享他们彼此知道的东西①。密歇根大学图书馆创客空 3D 实验室(3D Lab),在线提供 6 种课程,共有 6 名教师和 13 名学生在实验室工作或者协助工作②。华南师范大学创客空间,邀请企业负责人参与创业学生的项目推荐会,为创业团队吸引企业的投入,也为学生提供展示自我的平台,对其未来的创业或者就业创造更多的机会③。

其次是要注意创客活动开展的规律性和持续性。没有计划、没有规律性和持续性而盲目地开展一些零星的活动,并不能达到聚集人气、吸引创客的良好效果。所谓活动的规律性和持续性主要包括以下几个方面:

一是同一主题的活动在一定时间段内的持续举办,选择每天、每周或每月的固

---

① Fayetteville Free Library. Makerspace FAQs[EB/OL].[2018 – 05 – 17]. https://www. fflib. org/make.

② 王佑镁,陈赞安. 从创新到创业:美国高校创客空间建设模式及启示[J]. 当代职业教育,2017(3):107 – 112.

③ 胡永强. 图书馆创客空间多元共建模式探索[J]. 图书情报工作,2018(2):12 – 17.

定时间举办同一主题活动,吸引用户持续关注,同时也有助于新用户能够持续学到他们感兴趣的内容,激发他们参与创客空间活动的积极性。以美国创客空间 Noise-bridge 2017 年 10 月活动为例,每周一下午 7 点举行电路黑客活动,帮助用户学习使用电子器件制作很酷的东西;每周二下午 8:30 举行 unity 游戏开发者聚会;每周五下午 6 点举行自行车派队(自己动手改造自行车);周六下午 4 点则是解密高手写代码活动。相同主题的持续性活动需要有相关专业人员或资深创客的参与和协助,活动内容的深度需要不断推进,才能够吸引较为稳定的用户群体。

二是在固定的时间针对入门级创客举办相关活动。对于初建的创客空间来说,由于活动项目还不成熟,还不具备某一主题活动持续深入开展的技术和人员条件,则可以采取在每周或每月的固定时间举行不同主题的活动,这些活动可以是针对入门级创客的培训活动或者是简单的制造活动,例如,每次活动制作不同的、用户现场就能完成的作品,或者培训某一种设备或工具的使用等。但要注意,在创客空间其他活动还不丰富的情况下,这一类活动主题可以不同,但活动时间一定要固定,有助于养成用户定期参加活动的习惯。此外,一些开源的小型制作项目或创客教育套件可以用来作为入门级创客活动的项目。

迈阿密大学加德纳－哈维图书馆(Gardner-Harvey Library)的创客空间科技实验室(TEC Lab)致力于支持学生多学科和跨学科的课程作业,以及在空间内独立或协作进行创造性活动。从 2014 年底开始,TEC Lab 每月的第一个周三都会举办讲习班,教授学生制作技能和展示创客成果,讲习班活动主题生动有趣,深受学生喜爱。以 TEC Lab2018 年 2 月至 5 月的活动为例,活动主题分别为:制作玻璃花园、把自己变成全息图、个性化杯子制作、虚拟现实、制作 3D 全息灯、用旧 T 恤制作手提包、制作发光的五月花[①]。

马萨诸塞州沃特敦免费公共图书的创客空间 Hatch 每个月的第二个星期五晚上 7:00—8:30,举办 20 × 20 幻灯片之夜(20 × 20 Slide Night),邀请所有创客分享 20 张幻灯片或图片,每次时间为 20 秒,并为他们选择的项目制作 6 分钟 40 秒的演示文

---

① Gardner-Harvey Library. TEC lab makerspace:workshops[EB/OL]. [2018 – 05 – 18]. http://www. mid. miamioh. edu/library/workshops. htm.

稿,以鼓励创客分享和交流创新创意成果,现场还为观众提供小吃和饮料①。

三是在创客空间后期的发展中,要建立一定的培训课程体系。培训课程是图书馆创客空间发挥创客教育功能的有效手段。在实践中我们往往看到,一些创客空间经历了初创时的热闹之后,门庭逐渐趋于冷落,原因就是简单的创意和制作活动开展一定时间后,由于缺乏培训课程体系,使一些入门级用户体验不到创客的乐趣而放弃。新的技术工具或资源使用之初往往会让用户感觉比较专业化而望而却步,需要专门学习其使用技能,从而提升用户的信心和兴趣。

图书馆创客教育的培训课程体系,首先要有具体的培训目标,其次是要规定培训目标实施的规划方案,整个课程体系要由课程目标、课程内容、课程结构和课程活动方式所组成,是对用户进行的某一专业或技能的系统化和系列化培训,而不是无目的,或分散的零星培训。在实践中,一些图书馆创客空间也引入了不少优质的创客培训项目,但往往培训时间短,一次或两次就结束,用户刚刚被吊起的"胃口"随着活动的结束而消失,同时由于没有得到系统化的培训,使得培训成了"看热闹"。对于公共图书馆来说,建立培训课程体系,并不等同于要建立像学校教育一样的课程体系,那样未免冗长而不切实际,而是强调对用户培训的完整性和实用性。

以 3D 打印培训为例,对于首次接触 3D 打印的用户来讲,培训内容至少应包括:对 3D 建模有初步了解,能使用建模软件进行简易建模;学会操作 3D 打印机,独立打印简单模型;了解不同 3D 打印材料的性能和用途;初步学会一到两种常用建模软件。也就是说,3D 打印初级培训的目标是让用户学会独立进行简单的建模和打印,而非每次在馆员的帮助下打印模型。目前,创客空间开设的制作类培训项目内容主要有:数字制造、计算机辅助设计、制造和建模、3D 打印与扫描、电子设计、数控加工、计算机编程、三维造型、机器设计等。一些公共图书馆也开设一些与用户日常生活密切相关的培训项目,如缝纫、编织、种植等。课程的系统和持续性会大大增加用户参与创客空间活动的频次。

在培训形式上,以理论知识为主的培训可采用线下的讲座、线上的视频授课等形式,而对于操作性较强的知识,则可以采取小组或一对一的培训模式。例如,费耶

---

① Watertown Free Public Library. Hours & programs［EB/OL］.［2018 – 05 – 17］. http://www.watertownlib. org/205/Hours-Programs.

特维尔公共图书馆除常规课程外,还通过网上预约,由馆员在线下一对一为用户提供技术帮助①。

对于高校图书馆来说,可通过将创客教育整合于常规课程之中,在支持课程教学的同时实现创客教育的目的。以芝加哥艺术学院为例,该院非常重视创客教育与常规课程的整合,认为虽然创客教育所依赖的 DIY 与传统课程的固化结构有一定冲突,但可以通过课程设计,将传统课程教学资源与创客空间的新兴技术资源相结合来优化常规课程的教学效果,从而提升课程教学质量,培养学生的实践能力、创造与创新能力。该院有 3 个系成功地将创客教育有效地融入课程教学,其中建设与设计系给每个学生发放一套 DIY 3D 套件,允许学生独立利用 3D 打印机,要求学生从创意到产品制造都独立完成,促进相关课程的学习;艺术与技术研究系创客实验室提供沙箱环境与大量工具,支持学生创作;现当代实践系将 3D 打印资源整合于一年级学生的先修课程项目,为学生进行艺术研究提供基于技巧的教学指导与概念探索支持②。密歇根大学图书馆的 3D 实验室向全校师生开放,根据学校的课程设计和教师们研究内容的不同,图书馆创客空间开设了不同的 3D 技术培训课程,同时老师也会根据自己授课的需要开设 3D 课程。学生们不仅使用 3D 技术来完成毕业设计,研发产品,医学院的学生还在利用 3D 实验室设备,获取分析儿童鼻腔磁共振成像的数据,并制作成 3D 模型供医生进行儿童鼻腔异物排除手术的演练之用③。

需要强调的是,服务项目、创客活动和课程并不是一成不变的,需要在实践中不断监测参与者的需求,并根据这些需求适时调整创客空间的服务内容、活动主题和课程体系,甚至服务时间,给用户以充分的便利获得他们想要的知识和技能。

---

① Fayetteville Free Library. Makerspace FAQs［EB/OL］.［2018 – 05 – 17］. https://www. fflib. org/make.

② 郑燕林.美国高校实施创客教育的路径分析［J］.开放教育研究,2015(3):21 – 29.

③ 周晴怡.美国高校图书馆创客空间实践及启示研究［D］.湘潭:湘潭大学,2016:28.

# 第四章　图书馆创客空间案例研究

## 第一节　克利夫兰公共图书馆 TechCentral 创客空间

克利夫兰市位于美国俄亥俄州的东北部,靠近伊利湖南岸,是美国著名的工业城市。克利夫兰公共图书馆(Cleveland Public Library,CPL)成立于 1869 年,有着近 150 年的历史,是美国三大公共图书馆系统之一。现有 1 个主馆和 27 个分馆以及 1 个数字图书馆和体育研究中心,其使命是"我们是民众的大学,是一个多元化和包容性的社区学习中心"①。CPL 认为创客运动的爆炸性增长,部分原因是人们渴望分享经验。CPL 利用这一趋势,于 2012 年建成了鼓励人们分享知识和经验的科技中心 TechCentral(学习社区),为主馆和 27 个分馆用户提供各种计算机和技术相关服务,使其成为 CPL 的创新技术和学习中心。2014 年 1 月,TechCentral 创客空间正式对外开放②,2016 年 TechCentral 移动创客空间建成,采取流动的方式为各分馆和社区用户提供服务③。

### 一、资金来源

TechCentral 创客空间由 CPL 自行投资建设。CPL 的资金来源主要有州政府拨款(约占 40% 左右)、市政府拨款(约占 50% 左右)、政府间援助(约占 5% 左右)和其他收入(约占 5% 左右)。其中其他收入为社会组织、个人以及 CPL 基金会的捐助。

---

① Cleveland Public Library. We are listening—2017 Annual Report[EB/OL]. [2018 – 05 – 28]. https://cpl. org/wp-content/uploads/CPL_AnnualReport_2017_-Issuu. pdf.

② Cleveland Public Library. 2014 report to the community[EB/OL]. [2018 – 05 – 28]. https://cpl. org/2014annual/modules/application/public/documents/CPL_2014_Report_to_the_Community. pdf.

③ Cleveland Public Library. 2016 annual report[EB/OL]. [2018 – 05 – 28]. https://cpl. org/wp-content/uploads/CPL_AnnualReport_2016. pdf.

## 二、主要设备和工具

TechCentral 计算机区域配备了 90 台电脑,均安装了常用办公软件以及简历撰写软件、打字练习软件等;开辟了家庭和小组工作站,以及协同工作座位区供团队和小组工作使用。无线网络已覆盖整个主馆,电源插座遍布 TechCentral,此外还有 10 个安卓和 iPhone 手机充电站方便用户使用①。创客空间区域的主要设备有:

激光雕刻设备与软件:60W 和 40W 迷你激光雕刻机各 1 台,以及 CalelDRAW 和 Adobe Idector 矢量图形软件。

3D 打印设备及软件:MakerBot Replicator 2、MakerGear M2 3D 打印机各 1 台,3D 扫描仪 1 台以及 MakerWare 与 Simplify3D 3D 打印切片软件。

切割设备及软件:Roland GX – 24 乙烯基切割机、Roland Versastudio BN – 20 打印机/切割机、各种乙烯标志制作工具以及 CalelDRAW 矢量图形软件。

T 恤热压机,用于将乙烯制作的各种标志压制在 T 恤上。

摄影、录像和平面设计软件及设备:WACOM 直觉创意笔和触摸板(中)、Adobe 创意套件、图像编辑软件 Corel PHOTO-PAINT、图像和照片处理软件 Paint. NET、视频剪辑软件 Apple iMovie、Windows Movie Maker 等。

音乐制作设备和软件:M-AUDIO Oxygen 25 USB MIDI 键盘、Squire Bullet Strat 吉他、Squire Bronco 低音吉他、Korg Monotron 合成器、monotron DUO 模拟合成器、monotron DELAY 模拟合成器、Mbox 3 迷你界面、Avid Pro Tools Express、音频处理软件 Audacity、数码音乐制作软件 Apple GarageBand 等②。

## 三、材料收费

TechCentral 创客空间的材料收费主要涉及 3D 打印、激光雕刻、乙烯基切割以及 T 恤印制的费用。

---

① Cleveland Public Library. TechCentral[EB/OL]. [2018 – 05 – 28]. https://cpl. org/aboutthe-library/subjectscollections/techcentral/.

② Cleveland Public Library. TechCentral makerSpace[EB/OL]. [2018 – 05 – 28]. https://cpl. org/subjectscollections/techcentral/makerspace/.

表 4 - 1    TechCentral 创客空间收费标准①

| 材料名称 | 收费标准 |
|---|---|
| 3D 打印 | |
| PLA | $ 0.05/g |
| 水溶性 PVA | $ 0.15/g |
| 激光雕刻(所有尺寸为近似尺寸,特定项目指在限定时间或特殊项目提供的部件) | |
| 亚克力板(12"×12"×1/8") | $ 10.00/件 |
| 亚克力板(12"×12"×1/4") | $ 12.50/件 |
| 亚克力板(12"×24"×1/8") | $ 20.00/件 |
| 亚克力板(12"×24"×1/4") | $ 25.00/件 |
| 经济型木板(12"×12"×1/8 或 1/4") | $ 3.50/件 |
| 经济型木板(12"×24"×1/8 或 1/4") | $ 7.00/件 |
| 层压木板(12"×12"×1/4") | $ 6.00/件 |
| 层压木板(12"×24"×1/4") | $ 12.00/件 |
| Lasermax 木板(12"×12"×1/16") | $ 12.50/件 |
| Lasermax 木板(12"×24"×1/16") | $ 25.00/件 |
| 特定项目(小) | $ 2.00/件 |
| 特定项目(中) | $ 5.00/件 |
| 特定项目(大) | $ 10.00/件 |
| 乙烯基切割(价格含转移材料和油墨) | |
| 1 层材料 | $ 0.10/英寸 |
| 2 层材料 | $ 0.15/英寸 |
| 3 层材料 | $ 0.25/英寸 |
| 4 层材料 | $ 0.35/英寸 |
| T 恤印制 | |
| T 恤 | $ 5.00/件 |

---

① Cleveland Public Library. Fines and fees schedule:part B photoduplication office and makerspace fees[EB/OL].[2018 - 05 - 28]. https://cpl.org/wp-content/uploads/APPENDIX_A_-_FINES_AND_FEES_SCHEDULE_REVISED_2016_MARCH_PartB_FINAL_2.pdf.

### 四、关于空间材料使用的安全事项

由于一些材料在切割或雕刻时对人或机器有潜在危险，TechCentral 创客空间编制了禁止切割材料表和安全材料表，以保证用户、设备和空间的安全。

表 4 - 2　禁止切割材料表①

| 材料 | 危险 | 原因/后果 |
|---|---|---|
| PVC/乙烯基树脂/人造皮革 | 切割时会释放纯氯气 | 切割这种材料会破坏光学系统，使机器的金属腐蚀，破坏运动控制系统 |
| 厚度大于 1mm 的工程塑料（聚碳酸酯） | 切割效果差，容易变化和着火 | |
| ABS | 切割时排放氰化物气体 | 切割时容易熔化，容易起火并有残留物附着在切割台上 |
| 高密度聚乙烯/奶瓶塑料 | 容易着火、熔化 | |
| 聚苯乙烯泡沫塑料 | 容易着火、熔化 | 引起激光火灾的头号危险材料 |
| 聚丙烯泡沫塑料 | 容易着火、熔化 | |
| 玻璃纤维 | 切割时会释放烟雾 | 玻璃纤维由玻璃（只能蚀刻，不能切割）和环氧树脂合成（会释放烟雾） |
| 涂层碳纤维 | 切割时会释放有害烟雾 | 薄的碳纤维可以切割，但有涂层的碳纤维会释放有害的烟雾 |

除此之外，TechCentral 创客空间还编制了可切割和蚀刻的安全材料表，包括材料名称、最大切割厚度、注意事项等。

### 五、用户协议

TechCentral 创客空间是一个创造性与协同性的制造空间，除克利夫兰公共图书馆的持卡读者可使用该空间外，由俄亥俄东北部 12 个县的 44 个图书馆系统组成的克利夫兰网络图书馆联盟（CelvNET）的所有成员馆的持卡读者也可使用该空间，截

---

① Cleveland Public Library. Never cut these materials［EB/OL］.［2018 - 05 - 28］. https://cpl. org/wp-content/uploads/NEVER-CUT-THESE-MATERIALS. pdf.

至 2018 年 5 月,CLEVNET 成员共有用户约 100 万名①。TechCentral 创客空间的开放时间为星期一至星期六上午 10:00 至下午 5:30,用户访问空间时需出示图书馆卡或身份证。

为了保证创客空间的正常运行,CPL 制订了 TechCentral 创客空间用户协议,规范用户在空间的行为②。协议内容包括:

1. 空间使用对象

TechCentral 创客空间面向 13 岁及以上用户开放;13 岁以下用户需由成年人陪伴方可进入,并必须由父母或法定监护人代表他们签署用户协议。用户在使用空间之间必须签署用户协议,协议签订之后,管理人员会发给用户空间使用卡。在使用过程中,用户选择材料、设备和工具时必须向管理人员提交空间使用卡或图书馆卡以及有效身份证,在用户交回所有设备和工具并付清材料和其他使用费后,以上证件将被退回。

2. 使用规则

用户除必须遵守用户协议规定的条款外,还需要遵守克利夫兰公共图书馆用户指南、有关互联网和计算机的使用政策和程序。不遵守这些政策将会导致暂停或失去空间使用权。此外,用户需遵守所有适用的版权法和许可协议,不得违反任何地方、州或联邦的有关条例和法规。应对空间内的其他用户保持尊重。

如用户在使用过程中没有遵守空间使用政策和规范,一些设备可能会对用户造成人身伤害。用户同意不因任何人身伤害、财产损失或与使用空间有关的任何其他损失而向图书馆索赔。

创客空间里的计算机是为使用专用软件或空间设备而设置,如果用户将空间内的计算机用作其他用途,图书馆保留对这些计算机进行重新分配的权利。

在时间、职责和用户需求允许的范围内,图书馆工作人员将协助用户使用创客空间。用户也可以提前预约 TechCentral 工作人员对其进行一对一的辅导。

---

① CLEVNET. CLEVNET is library cooperation[EB/OL]. [2018 - 05 - 28]. https://www. clev-net. org/node/2.

② Cleveland Public Library. Cleveland public library techcentral makerspace user agreement[EB/OL]. [2018 - 05 - 28]. https://cpl. org/wp-content/uploads/MakerSpace-Agreement-Final-Plus-FORM-12. 27. 16. pdf.

创客空间利用个人云（myCloud）的一些技术，包括将数据保存到 myCloud 系统中，但不能确保文件和数据一定能够保存成功或在任何时候都能删除。终止用户的 myCloud 使用权，也会导致用户失去创客空间的使用权。

创客空间内禁止携带食品和饮料。

3. 关于材料和工具收费

空间的一些设备、材料可能会收取费用。任何适用的费用都列在图书馆的费用表中，用户须支付与使用创客空间相关的使用费和材料成本费。未能自行报告材料使用和支付相关费用的行为将导致用户暂时失去空间使用权。

使用设备和空间前需核验用户空间使用卡或图书馆卡和身份证。只有当用户交还工具或设备而没有损坏并结清所有费用才可以领回以上证件。

用户同意对任何技术错误或计算机和设备的损坏承担赔偿责任。

4. 关于签到、预定和时间限制

用户进入空间须找空间工作人员签到并出示空间使用卡或图书馆卡。

使用空间任何设备都无须预约，但 TechCentral 鼓励用户提前进行预约。图书馆保留对特殊项目或事件的高级别预定。图书馆不能保证空间任何设备的可用性。

使用创客空间计算机的时间限制为每天两小时。使用空间内其他任何设备仅限于每件设备两小时。设备可以同时使用（例如照相机和绿色屏幕）或连续使用（例如先使用激光雕刻机，然后是乙烯基切割机）。用户可以通过与空间工作人员沟通来申请额外的使用时间。图书馆保留自行决定延长或缩短使用时间的权利。

创客空间在图书馆关闭前 30 分钟关闭。所有工作必须在图书馆关闭前 30 分钟完成。在空间关闭时，不能运行项目或打印作业。图书馆不承担关闭空间时无法完成的项目的责任。用户自行负责与不完整项目相关的所有使用和材料成本。

### 六、主要服务项目和活动开展

1. 创客星期一（Maker Mondays）

每个月 TechCentral 都会提供 4 次 1 小时的免费培训课程，帮助用户学习空间设备和工具的使用方法。时间为每周一上午 11 点到 12 点，用户无须注册即可参加。具体课程为：

第一个星期一：激光雕刻基础

第二个星期一:3D 打印基础

第三个星期一:印制和切割乙烯标记

第四个星期一:乙烯基 T 恤设计与印制①

2. 创客动手与创意编程实验室(MakerLab Hands-on and Creative Programming)

该项目启动于 2013 年,目的是帮助用户在日常生活中学习创造和做一些"新"的东西,激发他们的制作和创意热情。2014 年,MakerLab 开始将活动扩展到 27 个分馆。由于活动吸引了大量的青少年和儿童,TechCentral 调整活动内容,增加了 3D 玩具制作、纸工艺品和乐高玩具等项目,同时增加计算机基本技能培训,强化用户的批判性思维。活动内容不仅有趣,而且非常实用,深受用户喜爱。以下为该实验室部分固定的活动项目和课程:

3D 饼干模实验室:无须 3D 打印经验,用户可学习如何使用 3D 打印机创建自己独特的饼干模。

制作电子电路:学习电子学、集成电路等的基础知识,尝试用开关电路套件创建电路板项目。

制作触摸屏兼容手套:在克利夫兰寒冷的冬日,你有没有试过用触摸屏手机,只是因为手套不起作用而感到沮丧? 带上自己的手套,花不到 1 美元,就可以将你最喜欢的手套转换为触摸屏兼容手套。

管道胶带的世界:管道胶带的用途之广,从密封空气管道到用它来制作舞会礼服和晚礼服,甚至已有人为此出了好几本书,还出现在了美国科普电视节目《流言终结者》(MythBusters)里。TechCentral 将和用户一起探索如何利用管道胶带制作日常生活中的物品。

密码、达·芬奇和 007:从二战时图灵机破译英格玛(Enigma)密码开始,向用户介绍代码和密码的基础知识,并教会他们制作简单的代码和密码,学会安全上网。

激光雕刻相片:无须摄影和雕刻经验,学会将自己的照片雕刻在木方上。

潘乔勒(Panjolele)乐器制作:潘乔勒(Panjolele)是用蛋糕烤盘和木头制作的班卓琴,教用户学会从家里找材料制作这一独特的乐器。

---

① Cleveland Public Library. TechCentral[EB/OL].[2018 – 05 – 28]. https://cpl. org/sub-jectscollections/techcentral/.

规划你的空间:学会使用免费的在线设计软件规划家、办公室和其他空间,了解室内设计的基础知识,包括房间布局、色彩选择,并能独立绘制平面图。

创建自己的虚拟摇滚乐队:只需具备简单的计算机操作技能,就可以学会用苹果数码音乐制作软件随身录音室(GarageBand)创作自己的歌曲,建立自己的虚拟摇滚乐队[①]。

3. 克利夫兰迷你创客节(Cleveland Mini Maker Faive)

2013 年春季,CPL 举办了首届克利夫兰迷你创客节(Cleveland Mini Maker Faire),吸引了近 2000 人参加,其中包括 52 名创客。创客节的家庭友好活动涵盖了艺术、手工艺、工程、音乐、科学、技术以及 DIY,使拥有不同技能的当地人与其他人分享他们的知识和项目,参观者有机会与不同的发明家见面,学习如何使用各种的工具。这项活动对所有年龄段的人都有强烈的吸引力,并成功地吸引了更多的家庭来到图书馆,效果超过了图书馆以往举办的任何活动[②]。由于用户的良好反馈,2014 年,CPL 增加了额外的资金,在春季举办了第二届迷你创客节,吸引了 4000 多人参加和 100 多位演讲者进行展示,举办工作坊 100 多场[③]。2017 年 11 月,第四届克利夫兰迷你创客节如期举行,活动亮点包括,展示了喷火的移动金属龙,四重奏的音乐特斯拉线圈;美国航空航天局格伦研究中心的巡回太空展,以及一系列无人机、机器人、游戏、手工艺制作活动[④]。

除以上这些定期举办的活动外,TechCentral 创客空间还不定期地在主馆和各分馆举办一些针对成人、家庭、儿童以及老年人的制作活动的培训课程,如电子电路、音乐合成、3D 建模、乐器制作等等。2017 年 8 月,TechCentral 创客空间利用观察日全食对公众进行科学教育,除将公益组织捐助的日全食镜向公众发放外,还通过 3D 打印机和激光切割自制了 500 多个日全食镜,供用户观察日全食时使用[⑤]。

---

① Cleveland Public Library. Computer class descriptions[EB/OL].[2018 – 05 – 28]. https://cpl. org/eventsclasses/computerclassdescriptions/#makerlabs.

② Cleveland Public Library. 2013 report to the community[EB/OL].[2018 – 05 – 28]. https://cpl. org/wp-content/uploads/CPL_Annual_Report_2013. pdf.

③ Cleveland Public Library. 2014 report to the community[EB/OL].[2018 – 05 – 28]. https://cpl. org/2014annual/modules/application/public/documents/CPL_2014_Report_to_the_Community. pdf.

④⑤ Cleveland Public Library. 2017 report to the community[EB/OL].[2018 – 05 – 28]. https://cpl. org/wp-content/uploads/CPL_AnnualReport_2017_-Issuu. pdf.

## 第二节　马里兰大学健康科学与公共事业图书馆创新空间

马里兰大学健康科学与公共事业图书馆（University of Maryland-Health Sciences & Human Services Library，HS/HSL）隶属于马里兰大学巴尔的摩分校（University of Maryland，Baltimore，UMB），又名马里兰大学创始校园（University of Maryland，The Founding Campus），是马里兰大学系统的原址所在地。UMB 由六所专业学院组成，即口腔学院、法学院、医学院、护理学院、药剂学院和社会工作学院，另设研究生学院，是马里兰州唯一的公共卫生、法律和公共事业大学①。HS/HSL 成立 200 多年来，推动了 UMB 完成其教育、学习、发现和服务的使命，同时作为全美医学图书馆网络东南部和大西洋地区图书馆的领导者，为该区域公众提供健康信息获取和健康教育，并为本区域卫生保健提供者、社区组织、图书馆员筹措相关资金。该地区包括 10 个东南部州、波多黎各、美属维尔京群岛以及哥伦比亚特区，人口数量是美国总人口和 25%②。

创新空间（Innovation Space）是 HS/HSL 为鼓励创新和协作实践而设计，对公众开放，但优先对 UMB 学生、教师和研究人员开放。

### 一、资金来源

HS/HSL 是马里兰州唯一接受公共基金的高校健康科学图书馆，其创新空间的资金主要来源于 UMB 基金的资助。目前，HS/HSL 正在发起一项"HS/HSL 第三个百年"基金项目，用以推进 HS/HSL"在第三个百年中为 UMB 师生提供专业知识、信息基础设施和卓越环境"的使命，如数字备份、技术沙盘、数字存档、协作学习环境

---

① University of Maryland, Baltimore. About UMB［EB/OL］.［2018 – 05 – 28］. http://www. umaryland. edu/about-umb/.

② University of Maryland, Baltimore. Support HS/HSL today!［EB/OL］.［2018 – 05 – 28］. https://umaryland. givecorps. com/causes/714-hs-hsl.

等,个人捐赠可直接在 UMB 捐赠主页上进行①。其他捐赠项目还有用于支持馆内活动、专题讨论会、嘉宾讲演和特殊项目的 HS/HSL 基金,为图书馆技术更新提供支持的 HS/HSL 技术基金等。

## 二、主要设备和工具

HS/HSL 创新空间提供的主要设备和工具有:

3D 打印设备:Lulzbot Taz 5 3D 打印机 1 台,支持 HIPS、PLA 和 ABS 以及木材、金属和石头等多种材料;Afinia H480 小型 3D 打印机 1 台,支持 PLA 打印丝;MakerBot Replicator 2X 3D 打印机 1 台;3Doodler 打印笔(2 支)。

扫描设备:NestEngor 三维激光扫描仪和手持式三维扫描仪各 1 台。

虚拟现实设备:HTC VIVE 虚拟现实耳机;可折叠的智能手机头戴式显示器 Google Cardboard;zSpace 虚拟现实设备,帮助用户在 3D 中探索人体解剖结构,处理 DICOM(医学数字成像和通信)文件。

惠普 T1300 绘图仪:供师生打印海报。

DNA 模型 1 组:供学生组装和拆卸,了解 DNA 结构。

分子模型 2 组:供学生了解分子的化学结构,可用来建造甲烷、乙烷、苯、丙酮等的分子结构②。

## 三、收费项目

HS/HSL 创新空间的收费项目仅限于材料成本收费,包括 3D 打印材料费。收费标准为第 1 小时收费 3 美元,以后每增加 1 小时收费 1 美元;3D 扫描免费③;海报打印材料收费标准为光影相纸 50 美元,轻质帆布 60 美元④。

---

①　University of Maryland, Baltimore. HS/HSL fund for the third century[EB/OL]. [2018 – 05 – 28]. https://umaryland.givecorps.com/projects/3187-hs-hsl-hs-hsl-fund-for-the-third-century.

②　Health Sciences & Human Services Library. HS/HSL innovation space[EB/OL]. [2018 – 01 – 03]. http://www.hshsl.umaryland.edu/services/ispace/.

③　Health Sciences & Human Services Library. The innovation space: use & cost policy[EB/OL]. [2018 – 05 – 31]. http://www.hshsl.umaryland.edu/services/ispace/ispace-policy.cfm.

④　Health Sciences & Human Services Library. Poster printing[EB/OL]. [2018 – 05 – 31]. http://guides.hshsl.umaryland.edu/posters.

### 四、用户协议

HS/HSL 创新空间要求进入空间的用户必须签署用户协议,并且在空间从事的任何项目仅限于学习、研究之用。用户协议主要内容①如下:

1. 允许进行 3D 打印的对象:

HS/HSL 创新空间的 3D 打印机只能用于合法的目的,任何人都不得打印如下项目:

被地方、州或联邦法律禁目的项目。

不安全、有害、危险,或对他人构成直接威胁的物品,以及淫秽或其他不适合图书馆环境的物品。

侵犯他人知识产权的项目。例如,不能复制受著作权、专利权或者商标保护的项目。

使用 3D 技术打印机前必须接受定向培训课程。

图书馆保留拒绝任何 3D 打印请求的权利。

图书馆不保证模型质量或稳定性,也不保证设计的机密性。移除支撑物由用户自行负责。

打印完成的项目必须由用户提交有效身份证领取。

项目打印完成后 7 天内无人领取将被视为图书馆的财产。

2. 安全防范措施

在打印过程中或打印后不可立即接触机器或平台,以免烧伤。

在 3D 打印机/扫描仪以及空间其他设备的使用中,用户要为自己的安全负责。

HS/HSL 对用户在使用过程中造成的任何伤害及任何侵犯版权的事项不承担责任。

3. 关于版权和其他知识产权事项

不得违反美国著作权法中对复制他人作品的规定。

图书馆和档案馆有权在特定的法律条款下提供复印件或其他复制品,如仅将这

---

① Health Sciences & Human Services Library. User agreement form for the HS/HSL innovation space[EB/OL]. [2018 – 05 – 31]. http://guides. hshsl. umaryland. edu/ld. php?content_id = 8602875.

些复印件或复制品用于学习和研究。如果用户出于"合理使用"的目的使用复印件或其他复制品,由此可能引发的版权争议由用户自行负责。

图书馆有权拒绝为用户提供违反版权或其他知识产权法的服务。

### 五、HS/HSL 创新空间的故事

《HS/HSL 创新空间简讯》(HS/HSL Innovation Space Newsletter)定期发布,讲述了人们使用 HS/HSL 创新空间的故事①。

贾斯明·萨巴兹(Jasmin Sahbaz)博士是马里兰大学医学中心的内科住院医师和心血管内科研究员。他在 HS/HSL 创新空间通过 3D 打印零部件,将一个旧的手持任天堂游戏机设备转换成一个平台,该平台不仅可以容纳多个复古游戏,而且可以同时使用多个复古游戏系统。修改后的设备被称为"Game Boy Zero"。这些修改包括将旧游戏机电脑换成一个新的树莓派 Zero,安装一对额外的按钮等。

梅里亚·什卡拉(Meryam Shikara)正在马里兰大学医学院攻读博士。2016 年夏天,她与 HS/HSL 创新空间工作人员合作,设计并用 3D 打印机制作实验性假体,用于为鼻损伤患者实施手术重建。研究成果在《美国医学协会杂志》耳鼻咽喉科头颈外科杂志上发表。

海法·马克塔比(Haifa Maktabi)是马里兰大学口腔学院的硕士研究生,正在研究不同的光固化方法对牙齿复合修复体细菌生长和降解的影响,实现最佳的光固化条件来提高复合修复体的寿命。为确保样品的标准化,Haifa Maktabi 与 HS/HSL 创新空间工作人员合作,设计并通过 3D 打印制作了导向块,以复制各种光固化角度和距离。

梅达·兰贾巴尔(Maida Ranjbar)女士是放射肿瘤学实验室的研究员,她的研究重点是改善肺癌的治疗。她使用 HS/HSL 创新空间,从患者的四维 CT 扫描中创建了肺部肿瘤的 3D 打印模型。肺癌治疗中最大的问题是呼吸引起的运动导致很难确定肿瘤的位置和大小。Maida Ranjbar 和她的同事通过肺部肿瘤的 3D 打印模型研究患者胸部的外部运动与由 4DCT 数据捕获的内部运动之间的相关性来更精确地靶向肺部肿瘤。

--------

① Health Sciences & Human Services Library. HS/HSL innovation space newsletter[EB/OL].[2018 - 05 - 31]. https://us5. campaign-archive. com/home/?u = 8d6a2c0e62ab4cc63311ab6cd&id = 7b7755271d.

埃里克·克朗茨(Erik Klontz)是医学院的博士生,在实验室研究传染病的分子基础,开发新的蛋白质治疗方法。Erik Klontz 在 HS/HSL 创新空间打印两种蛋白质的三维晶体结构,他用 X 射线晶体学中常用的分子可视化程序 PyMOL 创建了三维结构模型。

HS/HSL 创新空间也会举办活动,为卫生工作者、研究者和企业家提供交流平台,共同探讨新技术在医学研究和实践的应用。2018 年 3 月,HS/HSL 创新空间举行创客博览会,邀请专家、学者和企业代表为用户做主旨演讲,内容包括:将原型工具和创客空间带进医院、传导性耳聋患者的 3D 打印定制修复、理疗病人定制辅助装置的建立、医疗机器的商业化研究、支持本地医疗设备制造和初创企业等。

毫无疑问,从这些故事中我们可以看出,HS/HSL 创新空间有力地促进了 UMB 的教学科研,为学生的学习和学术研究提供了很好的实践和动手空间。

### 六、企业家工具包

HS/HSL 创新空间除了提供工具和设备外,还为用户提供了企业家工具包(UMB Entrepreneur Toolkit),为用户学习知识产权保护、创办新公司以及其他与创新创业有关的事项提供在线帮助和资源导航。目前,企业家工具包还处在不断完善的过程中,UMB 设置了专门的联络邮箱用来接收来自用户的建议和相关的资源提供①。

图 4 - 1　UMB 企业家工具包首页

---

① Health Sciences & Human Services Library. UMB entrepreneur toolkit[EB/OL]. [2018 - 05 - 31]. http://guides. hshsl. umaryland. edu/c. php?g = 735787&p = 5267611.

企业家工具包提供的资源包括：如何开始创业、许可和知识产权资源、资金来源、商业计划书、原型设计和创意资源、UMB 和本地资源、图书馆资源、教育资源等。

## 第三节　上海图书馆创·新空间

早在 2009 年初，上海图书馆就开展了为中小企业提供情报服务的"创之源@上图"网站，其宗旨是"支持创新、点亮创意、助推创业"[①]。2011 年 3 月 25 日，上海市文化创意产业推进领导小组办公室成立的"上海文化创意产业信息中心"落地于上海图书馆，希望利用上海图书馆在文献馆藏、信息分析、情报咨询等方面的优势，推动上海市"创新驱动，转型发展"的战略规划。彼时，创客空间的理念在国内外已经兴起并引起图书馆的关注，上海最早的创客空间"新车间"也已成立。为探索创新与特种文献、信息服务紧密相连，建立一个支持社会创新、创造活动的图书馆创客空间，上海图书馆启动创客空间的筹建工作，建成"创·新空间"并于 2013 年 5 月正式对外开放，成为国内首个公共图书馆创客空间，同时入选 2014 年上海市公共文化建设创新项目[②]。

### 一、定位与服务模式

在多次讨论和调研的基础上，上海图书馆将创客空间定位为文化创意产业普及，即为创客等群体提供专业信息服务，搭建交流与展示平台，同时让普通市民也能够参与到新产品、新技术的创新与体验中。

为了寻找适宜的服务模式，上海图书馆充分调研了国内外公共图书馆、学校图书馆的创客空间建设情况，并与企业、大专院校相关专业学生、创客团队、新锐设计师进行深入访谈，提出在现有文献资源的基础上，引进人、设备、技术 3 大块内容，建立资源、人、物理空间三位一体的服务模式，使空间围绕"激活创意、知识交流"这一

① 周德明.案例导读[J].图书馆杂志,2018(2):26.

② 上海图书馆.上海图书馆"创新空间:激活创意、知识交流"项目喜获 2014 年上海市 101 个公共文化建设创新项目[EB/OL].[2018 - 06 - 04].http://www.library.sh.cn/news/list.asp?id = 6173.

主旨,以各类创新型活动项目作为载体,激活读者智慧,营造创新氛围,实现创新灵感与设计的对接①。

### 二、空间功能布局及资源配置

为了能让更多爱好创意和设计的人们走进图书馆,上海图书馆对原先的专利标准阅览室进行了拓宽和改造,将780平方米的空间进行开放式设计,共设置了5大空间区域,包括阅读空间、IC共享空间、专利标准服务空间、创意设计展览空间、全媒体交流体验空间。

阅读空间,为读者提供包括媒体、艺术、工业设计、时尚、建筑设计、网络信息、软件、咨询服务、广告会展及休闲娱乐等中外文创意类文献的阅读服务,设有数十个阅览席位,并提供专门的"上网空间",配置16台高配置一体电脑,供读者进行馆藏信息检索和上网。此外,阅读空间还配有可供单人阅读使用的视听休闲椅,以及AUTODESK 123 D、Coreldraw等设计类软件及多种设计类数据库,供读者设计作图之用。

IC共享空间,配置有多媒体投影设备,提供约50个座席,可用于举办团体讲座、专题讨论会、头脑风暴活动等。主要面向个人或社会公益性团体及非营利组织,开展参与性、互动性强的各类中小型信息交流和知识共享活动。

专利标准服务空间,配置各类专利标准文献检索工具,读者可利用其配备的多台一体机进行信息检索查询。

创意设计展览空间,重点展示各类设计师作品、创意产品,提供3D打印设备及服务,向大众介绍3D打印技术。

全媒体交流体验空间,是人机交互的体验空间,主要提供4种多媒体设施。①由6幅液晶屏组成的数字画廊,具有动作感应式智能互动展示功能,滚动播放世界名画及设计作品;②3组数字创意工作台,主要用于CAD设计,可直接展示3D打印设计效果,通过智能桌面触摸屏提供视频、图片转换,为读者小组交流和创意头脑风暴提供多种沟通方式;③1组大型创意数字展示台,使用20点触控触摸技术,用于展示设计历史、创意作品或进行文件分享;④数字信息公告屏,置于入口处,主要用于图书

---

① 熊泽泉,段宇锋.上海图书馆"创·新空间"[J].图书馆杂志,2018(2):26-31.

馆人流量、资源流通情况、文化活动项目等信息的及时发布①。

## 三、人员

"创·新空间"在人员配置上，主要考虑如下4类人员：①具有服务意识，善于沟通和具有信息导引能力的服务导航型馆员；②具备相关学科背景，熟练掌握各种信息检索技巧，熟悉图书馆各类馆藏资源，能为读者提供深层次咨询服务的学科专业型馆员；③不仅具有传统的技术能力，还具备对新技术的敏感度和自我学习能力的技术型馆员；④具备一定的营销策划知识和推广经验的策划推广型馆员。

上海图书馆在自愿报名的基础上专门组织选拔考试，评价馆员的表达能力、逻辑分析能力、信息素养、检索技能、对文化创意产业的认知水平，综合考察馆员的学科专业，从而甄选出适合"创·新空间"服务的馆员。除此之外，考虑到"创·新空间"的服务还涉及专利查新、多媒体加工等专业化程度较高的内容，因此又在全馆范围内推选出有从事专利标准检索工作30余年的老馆员和具备模型、广告、信息技术等专业的年轻馆员，共同组成"创·新空间"的运营团队。经过不断淘汰、补充，截至2018年，"创·新空间"共有9名馆员，其中35岁以下的青年人超过70%②，他们适应性强，容易接受新技术、新服务，对新设备新技术的使用兴趣浓厚，更善于利用新手段为读者提供服务。

### 四、服务和活动开展

1. 通过引进创新主体开展活动

"创·新空间"在筹备阶段，就积极主动与各类创新主体联络，如新车间、同济大学、上海交通大学以及上海视觉艺术学院团队等，吸引他们到"创·新空间"来。2013年5月，"创·新空间"正式运营后即进入火爆状态，上海市最为活跃的创客主体纷纷与图书馆联系，在"创·新空间"展示和讲解他们的创意、创新设计和产品。各类创新主体不仅为"创·新空间"带来了丰富多彩的活动，还搭建起了读者与社会专家的桥梁，使读者有机会在观摩交流中学习新知识，产生创意灵感。这些活动大

---

①　曲蕴. 公共图书馆"创客空间"实践探索——以上海图书馆"创·新空间"为例[DB/OL]. [2018-06-04]. http://www.chinalibs.net/ArticleInfo.aspx?id=355888.

②　熊泽泉，段宇锋. 上海图书馆"创·新空间"[J]. 图书馆杂志，2018(2)：26-31.

体分为展示性活动,如设计丰收——环保·善淘网——中国第一家慈善商店、本土服装设计师展、本土摄影师作品展——M97 画廊、UNITAG Design、中国当代动漫插画艺术展等;讲座培训活动,如阿尔杜诺(Arduino)入门、Autodesk 123D Crea-Ture、Stylesight 数据库、人人都是设计师系列——Tinkercad、3D 打印入门、Autodesk Pixlr 等;DIY 类活动,如水培工作坊、虫虫机器人工作坊、建筑复原模型工作坊、导电面粉工作坊、鱼菜共生、生态意象工作坊、水果钢琴、简易电动月球车制作等。自 2013 年 5 月27 日开放至 2014 年 5 月底,共开展各类活动 78 场,吸引参与者约 8500 人次[①]。

2. 提供创新创业情报咨询服务

"创·新空间"提供的各类情报咨询服务也吸引了大量的读者和企业。2013 年11 月至 2015 年 7 月,"创·新空间"服务专利标准检索近 3000 人次,涉及专利、标准上万件;针对小微企业在创业初期知识产权意识薄弱的特点,编制了《创之源企业服务手册》,并免费发放给企业。2014 年 1 月起,与上海市中小企业协调办公室合作推出《上海中小企业信息速递》中科技新干线栏目,提供国外有关新能源、新材料、生命科学、信息通信、机电以及生活创意等内容[②]。

为了加强对草根创业者和小微企业创新活动的支持,2014 年 7 月,作为"草根天地,创新舞台"的产业图书馆正式开放。产业图书馆弱化了阅读空间,而将重点放在了办公和交流方面以满足创业人群,主要分为小型办公空间、IC 共享空间和产品展示空间。产业图书馆以产业研究专家队伍为基础,融入擅长信息收集和服务的图书馆员,整合出一支服务于产业和企业的专业队伍,为行业协会、企业单位提供科技创新信息服务。产业图书馆自成立以来,与上海都市型工业协会、上海科学技术情报学会、高德纳咨询公司(Gartner, Inc.)公司等合作举办各类产业沙龙、讲座培训等近百场,为企业界人士、创客们提供交流平台,参与人数超过 2000 人次[③]。

2015 年 11 月,在实体空间基础上融合"互联网 +"理念推出的公益普惠型服务平台"产业图书馆网站"正式上线,旨在为企业和个体创业创新者提供新技术新成果

---

① 周德明,林琳,唐良铁. 公共图书馆转型发展的思考与实践——以上海图书馆为例[J]. 图书馆杂志,2014(10):4 – 12.

② 熊泽泉,段宇锋. 上海图书馆"创·新空间"[J]. 图书馆杂志,2018(2):26 – 31.

③ 杨绎. 上海图书馆创客空间实践探索[DB/OL]. [2018 – 06 – 04]. http://www. chinalibs. net/ArticleInfo. aspx?id =418916.

展示服务(不提供成果和技术的交易服务),落实优秀成果的第三方评估,并组织行业专家、同行技术人员和政府委办举办沙龙和主题研讨会,以促进优秀成果发展成熟。此外,产业图书馆还开通了微信订阅号宣传创新思路和优秀成果①。

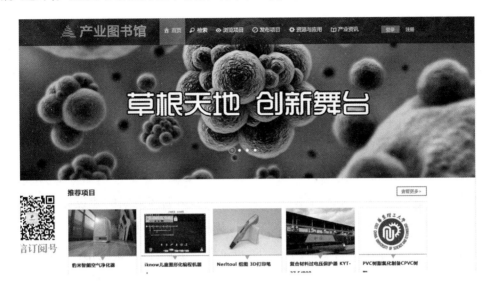

图 4-2　产业图书馆网站

**五、可持续发展**

2017 年 8 月,上海图书馆专门立项"上海图书馆创新空间究竟是什么?"的研究课题,从人、财、物以及社会影响力等方面深入剖析"创·新空间"的工作,力求解决两大问题:①将"创·新空间"4 年来取得的经验和教训进行梳理总结形成书面文件,为上海市文化东进战略的重大文化体育设施——上海图书馆东馆的空间建设提供有针对性的建议;②对"创·新空间"团队和个人的发展进行更加细致的考量与规划,包括馆员在创客团队的项目中如何更好地体现其作用与价值,如何更好地对"创·新空间"的绩效进行评估,将"创·新空间"所提供的价值更好地反映出来②。

---

①　上海图书馆.产业图书馆——关于我们[EB/OL].[2018-06-04].http://in.library.sh.cn/front/footer/5.

②　熊泽泉,段宇锋.上海图书馆"创·新空间"[J].图书馆杂志,2018(2):26-31.

# 第四节　碧虚创客空间

如前所述,在图书馆创客空间的发展过程中,企业是其重要的合作伙伴,但合作多体现为企业对图书馆创客空间的资金、工具和设备等的支持,较少有更为深入的合作。在我国,由于缺乏与创业创新实质性关联资源的支撑,相当部分的图书馆创客空间与常规的阅读空间、共享空间并无实质性区别,与社会特别是国家创新主体——企业界缺乏有效联系与协同,空间活动局限于图书馆内部,并未深入社会经济生活当中,缺乏活力与动力,可持续性不强,极大地影响了图书馆创客空间对创新创业活动的支撑。随着企业越来越多地参与到图书馆创客空间的建设和运营中,引进优质企业资源成为图书馆创客空间发展的新模式。一些积累了丰富企业资源和创新创业经验的企业加入图书馆创客空间的建设与运营,以外包的形式承担了图书馆创客空间与企业外联和深度合作的服务,为图书馆创客空间的发展注入了新的活力。碧虚创客空间就是这一模式的典型案例。

碧虚创客空间是北京碧虚文化有限公司根据新常态下图书馆发展需要而设计,旨在将优质企业资源引进到图书馆创客空间,实现图书馆及其读者与企业的双向互动,有效充实和激活图书馆创客空间的组成要素,丰富图书馆创客空间的内涵,促进图书馆创客空间的可持续发展。碧虚创客空间的组成要素包括文献阅览、有奖阅读、创客讲座、真人图书馆、求职招聘、项目对接和企业游学 7 大部分。

## 一、文献阅览

企业文献是记录企业各方面信息的第一手资源,可为创业者提供有价值的竞争情报,有利于创业者全面、系统地了解、掌握目标市场竞争对手或相关产业的发展现状,做好创业的前期准备。企业文献中包含了相关产业和企业的最新技术应用及理论发展动态和趋势,有助于创业者和创客空间了解企业、市场及社会所需,从中发现创业良机和产学研结合的契机,促进创业创新教育。同时,企业文献中大量的管理方面的文章、案例,涉及管理哲学、管理学、运营管理、文化管理、产品管理、市场管理、人力资源管理、资金管理、风险管控等各个环节、各个层面,可在具体的管理工作上为创业者、各领域管理人员带来启发和参考作用。鉴于此,碧虚创客空间为读者提供了企业文献的阅读平台——碧虚网,包含 24 个一级行业、300 多个二级行业的 35 000 多册企业文献电子版,读者可以通过阅读电子版文献,持续深度了解企业及其经营方面的信息,为创新创业寻找经验和灵感支持。

图 4-3 碧虚网首页

表 4-3 碧虚网内刊资源一览表

| 代码 | 行业名称 | 数量(本) | 核心资源比例(%) |
|---|---|---|---|
| B1 | 农、林、牧、渔业 | 582 | 71.2 |
| B2 | 采矿业 | 447 | 46.7 |
| B3 | 制造业 | 3809 | 73.8 |
| B4 | 电力、燃气及水的生产和供应 | 959 | 62.5 |
| B5 | 建筑业 | 1342 | 70 |
| B6 | 交通运输、仓储和邮政业 | 1321 | 83.6 |
| B7 | 信息传输、计算机服务和软件业 | 650 | 53.1 |
| B8 | 批发和零售业 | 1122 | 57.5 |
| B9 | 住宿和餐饮业 | 480 | 50.2 |

续表

| 代码 | 行业名称 | 数量（本） | 核心资源比例（%） |
|------|----------|-----------|------------------|
| B10 | 金融业 | 750 | 43.7 |
| B11 | 房地产业 | 1412 | 63.8 |
| B12 | 租赁和商务服务业 | 411 | 47.2 |
| B13 | 科学研究、技术服务和地质勘查业 | 1313 | 55.1 |
| B14 | 水利、环境和公共设施管理业 | 838 | 58.3 |
| B15 | 居民服务和其他服务业 | 507 | 78.1 |
| B16 | 教育 | 440 | 42.8 |
| B17 | 卫生、社会保障、社会福利业 | 715 | 49.6 |
| B18 | 文化、体育和娱乐业 | 335 | 52.3 |
| B19 | 公共管理和社会组织 | 870 | 40.5 |
| B20 | 国际组织 | 353 | 56.7 |

注：以上数据截至2017年1月。核心资源是指在一级行业或者二级行业或者三级行业中排名前100名企业的出版物，受到企业协会、商会表彰的企业出版物，以及由碧虚网遴选评出的优秀企业出版物。

## 二、有奖阅读

由碧虚创客空间组织读者阅读碧虚网的企业文献，撰写刊评与读后感，为企业建言献策，定期评选出获奖读者进行奖励，并遴选部分获奖读者参加企业游学活动。例如，2016年3月，碧虚创客空间与安徽省职业与成人教育学会、安徽省高等学校图书情报工作委员会、安徽省示范性高等职业院校合作委员会、安徽省高等学校数字图书馆共同举办了安徽省高职院校企业文化进校园主题征文大赛活动，安徽省各高校学生踊跃参赛，最终评选出一等奖1名、二等奖10名、三等奖22名、优秀奖21名和参赛奖44名，并将获奖作品结集在碧虚网上推出[1]，组织一、二、三等奖学生参加企业游学活动，切实了解企业经营、管理活动。目前，该项活动已成功举办两届[2]。

---

① 碧虚网. 安徽省高职院校企业文化进校园主题征文大赛作品集［DB/OL］.［2018 - 06 - 06］. http://www. bixu. me/ArticleInfo. aspx?id = 978538.

② 刘剑英，牛士静. 图书馆空间再造与创客空间建设研讨会暨安徽省高职院校企业文化进校园主题征文大赛颁奖典礼在义乌举行［DB/OL］.［2018 - 06 - 06］. http://www. chinalibs. net/ArticleInfo. aspx?id = 412008.

图4-4　安徽省高职院校企业文化进校园主题征文大赛部分获奖学生

图4-5　安徽省高职院校企业文化进校园主题征文大赛部分获奖学生参加企业游学活动

### 三、创客讲座

组织碧虚网合作企业高管到图书馆开展讲座活动,围绕创新、创业、企业管理、经营、职业生涯等主题,结合企业高管所在公司的真实案例展开报告,使听众及时了解经济社会发展的最新动态,与经济社会发展最新趋势同步,创造性地为读者提供学习空间。

图4-6　碧虚创客空间与合作企业新光集团签约

**四、真人图书馆**

围绕某一特定的主题,由碧虚网组织不同行业的企业高级管理人员、技术人员等不同职业、不同岗位人士,开展真人图书馆服务,让读者借阅,借此丰富读者的人生经历和知识信息,增进见识。

**五、求职招聘**

利用碧虚网的文献资源和企业资源,对在校学生进行就业指导和帮助。

在校培养:通过众多的优秀内刊,让学生真实了解企业的现状,了解企业真正需要什么样的人才,帮助学生提高自己的就业素质和就业能力。

实习指导:碧虚网与企业合作,面向高校开展企业宣讲和招聘活动,介绍大型入编企业人力资源总监(经理)担任学生就业指导顾问,为学生到企业参观、实习、志愿服务提供信息与机会。

招聘就业:碧虚网"企业招聘"专栏,与入编企业人力资源部门对接,面向高校,发布相关的招聘信息;组织碧虚网合作企业定期到图书馆发布招聘信息,开展招聘会,为求职者与企业之间搭建桥梁和平台,并介绍读者到企业参观、见习、实习,对接企业人力资源招新计划。

职场成长:碧虚网"成长故事"栏目,精选汇总了众多内刊中的员工成长故事,引导学生及早适应职场生态,为以后的职业稳定和职业升迁打下良好的基础。

## 六、项目对接

企业项目、读者创业创新项目对接发布,结合读者实际,整合企业信息,筛选创业项目,发布创业项目,为读者提供创业信息和创业机会。

## 七、企业游学

组织优秀读者到相关企业游学,充分了解相关企业的历史、文化与技术,实地参观企业生产、研发基地和流水线,了解企业对于人才的需求,了解企业的经营、管理情况,使读者增强对企业、创业、创新、市场、职业的感性认识,为以后的职业发展、创业创新奠定基础。